これ一冊でぜんぶわかる!

小さな会社のはじめてのブランドの教科書

高橋克典

ダイヤモンド社

はじめに

小さな会社こそブランディングで高く売れる!

ビジネスで成功するためには、市場調査を綿密に行って、顧客情報やビッグデータを分析し、絶対にヒットする商品を、絶対に売れる場所で販売すればいい!

なんて芸当、ユニクロ、良品計画、花王、P&Gのような巨大企業でなければできるわけがありません。そんなマーケティング本を何冊読んでも、中小企業には役に立ちません。だって資金力や組織力、それに商品開発力に雲泥の差があるんですから。ところが書店で販売されているマーケティング本の多くは、大企業の成功例や理論ばかり。

しかもこれらのマーケティング手法はアメリカで考案され、アメリカで発達したものなので、どこかハンバーガーの匂いがします。別の言葉で言えば、最大公約数の製品やサービスです。本書では、新鮮な寿司で行きたいと思います。つまり大量生産で効率偏重のデータ主義ではなく、職人の手によるところが大きい。しかし一人ひとりのお客さんの記憶に残り、ちゃんと利益も取る、ということです。何しろ日本にある会社の99・7％は中小企業（約381万社）で、そこで働く社員数もすべてのサラリーマンの約7割に上っています。今、この本を手に取ってくださっているあなたも、小さな組織に属している確率が高いはずです。日本経済は中小企業の稼ぐ力がアップしなければよくなりません。

一般に中小企業は大企業に比べて稼ぐ力が弱い、という先入観で見られていますが、実は相対的には**中小企業のほうが粗利率は高い**のです。本文では、さらに詳しくご説明します。さらに全国津々浦々磨けば光る玉になる原石もたくさんあります。

でも、その強さやよさをうまく市場や潜在顧客に伝えられていないのです。

お金をかけずにブランディングする！

本書の目的は、小さくてもいいサービスを提供している会社や、着実なモノづくりをしている会社の製品をブランディングして、今より倍の利益をつくり出そう、というものです。

しかもお金をかけずに！（ここがミソです）

この後じっくりご説明しますが、そのコツは次の三つに集約されます。

一．ひとまず顧客の顔を忘れる

二．ひとまず競合他社を忘れる

三．ニッチのなかにリッチがある

ところで英語のストラテジー（Strategy）は「戦略」と和訳されていますが、秀逸です。戦いを略する＝戦わずして利を得る。なんとも日本的な発想ではありませんか。昔から日本人は「ブルーオーシャン戦略」（競争のないところで売る）を知っていたのです。競合他社と正面でぶつかり合うのではなく、軸を少し外してしなやかに活動するのです。

日本人はマイケル・ポーターが『競争戦略』を著すずっと以前からこの極意を知っていたのです。中小企業は、決して**大企業とガチンコの勝負をしてはいけません**。蟻は象に踏み潰されてしまいますから。蟻同士の戦いもいけません。消耗するだけですから。

戦わずして、独自の道を進むのです。

マーケティングをしなくてもブランドはつくれる

さて、意外に思われるかもしれませんが、イタリアやフランスの地方には、どうしてこんな小さな会社や店がこんなに利益をあげているのだろう？　という例が実にたくさんあります。彼らに共通するのが、前出の三つのことを行っているのです。

彼らは「どうしたらたくさん売れるだろうか?」という視点から出発しているのではなく、「私たち、これが素敵だと信じているからつくり、売っているんだ」と考えています。

そもそも小さな組織なので、マーケティングはしていません。まして市場調査なんて考えたこともないでしょう。そしてつくっているものは、一見ありふれたモノがほとんどです。農産物や食材。また日用雑貨や衣料品。または家具や調度品。それにレストランやホテルのようなサービス業。

しかしよく見ると他の製品とはどこか異なっている。つまり微妙にニッチなんです。デザイン、色、味、製法、歴史などが。そして何より値段が高い。それでも欲しくなる。また食事をしたり、宿泊してみると、あれっ、と思うことが少なくありません。

マーケティングの基本の「き」はPrice（値段）です。ついでに言うと、Product（製品＝商品政策）、Promotion（販売促進＝プロモーション政策）、Place（販売ルート＝流通政策）。マーケティングでは、この4Pの要素がバランスよく消費者に受け入れられなければ売れない、と規定しています。これはセオリーでした。しかし小さな会社ではなかなかできない。では、イタリアやフランスの小さな会社のようにマーケティングを止めてしまったらどうなるだろうか？　というのが本書の命題です。

ところがちょっと調べてみると、日本にもそれを実践して成功している小さな会社はたくさんあります。つまりやればできるんです。要はやろうと思うか、思わないか、の差です。

中小企業がブランドをつくるには

これから、大企業やライバルと戦うことなく倍儲けるための秘訣をお教えします。その際のキーワードはブランディングです。

ブランディングの目的は会社や製品の価値をアップすることですから、ブランディングさえできれば、**値引きをせずに高く売れるようになります。**

ブランディングをマーケティング活動の一つと捉えた著書が多数ありますが、本書ではむしろ経営そのもの、と主張しています。ですから、もちろん営業部や販売部、あるいはマーケティング部の方にも読んでいただきたいですが、中小企業の経営層にも読んでいただきたいのです。特に現在さまざまな課題や問題を抱えていて、経営にお悩みの方にご一読いただければ、すぐにお役に立てると思います。

そして声を大にして申し上げたいのは、中小企業のためのブランディングは、お金をかけてはいけない、と言うことです。ブランディングにお金をかけてしまっては、せっかく粗利が上がっても、営業利益が帳消しになってしまいますから。

本書の趣旨は、「中小企業だってブランディングできる」ではありません。「中小企業こそブランディングに適している」です。

小さな会社のはじめてのブランドの教科書――［目次］

第1章 小さな会社こそブランドが必要な理由

第2章 小さな会社にとってのブランドとは何か？

第4章 小さな会社がお金をかけずにブランドをつくる法

第5章 地方にいても、お客に足を運ばせる

第6章

今の人材で戦う、競争しないブランド戦略

第7章
お金をかけなくてもブランドはつくれる

第1章

小さな会社こそブランドが必要な理由

BRAND

ブランドがあると、こんなにいいことがある

もっと儲かる！

「なぜブランディングが必要なのですか？」と問われれば、私は即座に「もっと儲けるためです」と答えます。

まずは**粗利がアップします**。

粗利（正式には「売上総利益」）は企業の収益の基本中の基本ですね。粗利益を売上高で除したものが粗利率で、会社の稼ぐ力を表す基本的な指標の一つです。この比率が高いほど収益性が上がるのは当然です。

この粗利率をアップさせるのにブランドは大いに役立ちます。原価あるいは仕入れ値が

同じで、単純に今までより高く商品やサービスを売ることができるようになるわけですから、粗利がアップするのは道理です。

ではブランドがあるとなぜ商品が高く売れるのか？　あるいは値引きせずに売ることができるのでしょうか？　感覚的には何となくわかっていても、いざ「どうして？」と訊かれると、これだ、という答えを見出すのは簡単ではありません。

ブランドが持つさまざまなパワーについてはこのあと詳しくご説明いたしますが、ブランドの最大の特徴の一つは、**お客さんに安心感を与える**、というものです。ですから値引きせずに売れるのです。この安心感の要素としては、以下のようなものが挙げられます。

品質の確かさ。必ずしも高額、というわけではありませんが、値段に見合った品質であるとお客さんから見られます。もちろん目に見える商品だけではなく、サービスも同じです。

なぜ、お客さんからそう見えるのか？　と言うとその商品やサービスを提供している人の自信の表れ、とも言い換えられます。つまり売るほうが、値段に自信を持っていれば、お客さんにもおのずと伝わる、ということです。これは心理学です。

物販において、それが通販でない場合は、店頭で買う前に触ったり、試してみたり（車の試乗や洋服の試着などです）できますが、サービスは、多くの場合お客さんがそのサービスを消化し終わってからお金を払ってくれますから、より緊張感が高まります。

たとえばファーストフードのように先にカウンターで料理や飲み物を買う場合を除き、レストランでは通常食事が終わった後にお客さんはお金を払ってくれます。美容院や歯医者さん、タクシーなども同じです。ですから、もしサービスが悪かったら、「こんなサービスじゃあ、料金は半額だな！」なんて値切られることだってあるかもしれません。そこまで極端な例は少ないかもしれませんが、お客さんがサービスや料理の味に不満を抱いたら、少なくとも二度と来店してくれないでしょう。さらに口コミでネガティブな噂を立てられれば、他のお客さんにも悪影響を与えてしまいます。

ところがしっかりブランディングができている店だと、まずもって店員が自店のサービスに誇りを持っているはずですから、一人ひとりのお客さんに対して、店の名に恥じないサービス（接遇）を提供します。これはいわゆる老舗に限ったことではありません。

絶対に他店に負けないラーメンを出している店なら、ラーメンの味で勝負しているはずですから、店が混雑していようが、カウンターが狭かろうが、椅子の座り心地が悪かろうが、駅から少し離れていようが、必ずお客さんはリピートしてくれるものです。この美味しいと評判のラーメン店だって、その地域における立派なブランドです。なぜなら、ネギみそラーメン一杯900円だって、お客さんは満足して帰るのだから。

ところが「ブランドがあるといいことづくめなので、ブランディングをしましょう！」と中小企業経営者に提案をすると、異口同音に「うちは、小さな会社だから、ブランドなんかできるわけないですよ。しかもそんなもんに投資する余裕もないしね！」と一喝されることがよくあります。

しかし**中小企業こそブランディングにはとても適している**のです。ですから本書を読み終わったら、すぐにブランディングを実行していただきたいと思います。利益率アップは、ほとんどの中小企業にとって喫緊の課題だと認識しているからです。しかも本書の趣旨は、お金をかけないブランディングですから。

人の問題が解決する

さて儲け（利益）の他に、多くの中小企業が頭を悩ませているのは人の問題です。

会社は「人」「モノ」「金」と言いますが、その最も大切な資産が「人」であることは論を待ちません。この「人」の問題も、ブランドがあることによって、大いに救われるようになります。

経営者は今、人に関して、二つの悩みを抱えています。新規採用と既存社員のモチベーションアップです。

企業を成長させるためには優秀な人材が必要なのは言わずもがなですが、そのような人材を採用することが、極めて難しくなっているのです。

日本の完全失業率は２０１６年上半期には３％まで低下し、有効求人倍率は１・２倍を上回っています。欧州各国の失業率10～15％以上から見れば、何とも優秀な数字です。これは安倍政権が声を大にして主張している「完全雇用が成り立っている状態」です。そこへもってきて少子化です。若くて優秀な人材が、あえて中小企業に就職、あるいは転職してくれるのでしょうか？

そこでブランディングを強くお勧めします。**欲しい人材を確保するために、ブランドが強力なお助けマンになってくれる**からです。

ブランドは、その会社がどんな会社で、どの方向に進もうとしていて、どんな目的の下に事業を行い、どんなヴィジョンがあるのか？　の輪郭をはっきりとさせます。ですから新たに入社を検討している人の背中を押す力になってくれます。

先ほど、ブランドはお客さんに安心を与える、というお話をしましたが、採用したい人材も外にいる人、という意味ではお客さんと同じ立ち位置にいるわけですから、ブランドがある会社には安心して入社を決意してくれます。

人材確保と並んで経営者の方々からよくお聴きする悩みは、「どうも社員のモチベーションが上がらなくてね」ということです。

今いる社員のモチベーションがアップ

はっきりと断言できますが、ブランディングをすると、今いる社員のモチベーションが飛躍的にアップします。なぜでしょうか？

モチベーションの第一は、その会社で安心して気持ちよく働けるかどうかです。リクルート社の調査によると、社員が転職を検討する第一の理由は「人間関係」、続いて「会社の方針がわからない」、第3位が「職場環境」だそうです。

まず第2位にランクインしている「方針がわからない」という問題の多くをブランディ

ングは解決してくれます。ブランディングは、**会社の方針や将来への方向性を明確にしてくれます**。そしてブランディングで社員のベクトルが同じ方向に向けば、人間関係のトラブルも減ります。向日葵は常に太陽に向かって咲きます。同じ方向を向いています。人間は向かい合っているのではなく、ゴールに向かって同じ方向を向いているとき、お互いに言い争ったり、同僚や上司の悪口を言ったりしなくなります。つまり転職理由の一番目「人間関係」も解決してくれます。

そのように社員がシンクロしている状態では、1＋1＝2ではなく、3以上の力が発揮されます。1＋1＝3が実現できた、ということは経営効率もアップすることを意味しますから、結局利益率もアップします。

およそ勤めている人はすべて給料を上げてもらいたいと願っています。しかし景気の先行きが不透明な状態では、現在雇っている社員の給料を上げたくても、経営を圧迫する固定費の増大は経営者にとっては難題です。また非正規で雇用している人たちの正社員化にも二の足を踏んでしまいます。

せっかく完全雇用が成り立っているのに、正社員の賃金が上がらず、非正規社員の正社員化が進まなければ、消費は増えません。消費が増えないから経済が伸びない、という悪循環に陥っているのです。ですから、働く側から見ると、失業はしていないのに、幸福感が感じられない、将来に対する漠然とした不安がある、という状態になってしまいます。

安倍政権はこの負のスパイラルを断ち切るために、異例とも言える、経営側に賃上げと、非正規社員の正社員化の要求をしていますが、潤沢に利益を出している企業以外は、〝笛吹けど、踊らず〟です。

しかし今まで述べてきたように、粗利が上がり、モチベーションアップによって仕事の効率が上がれば、少し時間はかかりますが社員の賃金も徐々に上向くはずです。それがさらなるやる気につながり、成長につながる、という好循環になります。

先日群馬県にあるオフィス家具メーカーの社長にお会いしました。彼は経営者である前に卓越したエンジニアで、世界に通用するような素晴らしい製品をデザイン、設計、製造しています。このような職人気質の方は、得てしてブランディングにはあまり興味を抱きません。なぜならご自身のデザインや製品に絶対の自信を持っているので、わざわざ金や労力をかけてブランディングなどしなくても、自然に客のほうから買わせてください、とやってくると考えているからです。

もちろん、それは素晴らしいことです。

しかし、ある日一念発起して、この社長がブランディングを開始しました。コンセプトワークから始めて、製品名、ロゴ、カラー、カタログ、ホームページ。すべてに統一感を持たせて、ある新商品のブランディングしたのです。もちろん社員全員を巻き込んで実施しました。

すると今までとはまったく違う現象が社内に起こりました。

営業が楽になったのです。**今までの半分の労力で倍の売上げを達成する**ことができました。そしてビックリしたのは、オフィス家具業界では習い性となっている、大幅値下げをせずに販売ができるようになったのです。

そして社長が最も驚いたのが、社員の顔つきが変わったことです。

朝オフィスに入って社員に向かって「おはよう！」と声をかけると、返ってくる「おはようございます！」の声が大きく、明るくなり、笑顔が大きくなっていったのです。

この副次的効果に、社長自身が一番驚いたそうです。

事業承継の悩みが解決

さて、社員の話とは別に、多くの中小企業が直面している問題に〝事業承継〟があります。つまり次の社長がいない、ということです。この問題解決にもブランドは大いに寄与します。

社内や家族のなかに会社を引き継いでくれる適任者がいればいいのですが、さまざまな理由で身近に事業を継ぐべき適任者がいない、となると外部から次期社長を求めざるを得ない、ということになります。このとき、ブランドがあると、次の経営者探しに、断然有利になります。

ブランディングができていれば、外から見て、どんな会社で、次にどんな手を打てばいいのか？　考えやすくなるからです。もちろん、その会社の魅力度もアップする、ということは優秀な経営者を招聘しやすくなるわけです。

たとえば地域密着型の運送業だったとします。トラックの色や制服の色が統一されていて、しかもセンスがいい。運送業だから基本的になんでも運びますが、他の業者がちょっと二の足を踏むようなモノを進んで運ぶ。荷扱いは抜群に丁寧。そしてドライバーのマナーが素晴らしかったら。さらに女性のドライバーも3分の1ぐらいいる、と想像してみてください。この運送業者はブランディングできているとは思いませんか?

こんな会社なら、経営を引き継いでやってみたい、という若くて優秀な人が現れても不思議ではありません。

このように、ブランドは中小企業にとって、短期的にも、中長期の経営にも宝物になるのです。

ところが、ブランドを経営にもっと活用しよう、と考えている中小企業の経営者が日本に少ないことに愕然とします。大きな投資もなく、難しいこともないのに、とても残念です。

さあ、これから皆さんと一緒に、中小企業の実態と、ブランディングの実際を見ていきましょう。

BRAND

日本の中小企業の現状とは

中小企業は稼ぐ力が弱い？

まえがきで、日本に存在する会社のうち99・7％は中小企業です（約381万社）、とお伝えしました。さらに、この**中小企業の7割は非製造業です。広い意味のサービス業です。**

かつて私が小中学校の頃、社会科の授業で「日本は諸外国から原材料を輸入し、加工し、輸出をして稼いでいるモノづくりの国」と習ったので、いまだに中年以上の人の多くに「日本はモノづくりの国」という固定観念が根強く残っていますが、日本はモノづくりの多くをお隣の国に明け渡し、サービス産業国家に変身したようです。たとえば衣料品業界（アパレル）では、日本国内におけるアパレル品国産比率は1990年の50・1％から

2009年には4・5%まで減少しました（経済産業省「繊維・生活用品統計月報2010年」）。

しかし今、また日本各地で「メイド・イン・ジャパンを復活させよう！」という機運が高まっています。実際、小さな工場を束ね、ITを駆使して生産効率を上げたり、職人がこだわってつくった製品を高値で海外に輸出する動きが活発化しています。それらは必ずブランディングを伴っています。つまり製造業（つくる）とサービス産業（売る）という業態が垣根を越えて、一致協力して今まであった製品にひと味加え、新しいコンセプトを立案し、新しい顧客を国内外に探し始めているのです。

日本経済がこのまま沈んでしまうのか、あるいは陽はまた昇るのか、その命運を決するのは中小企業が適正な利益を得て、従業員に給料という形で還元できるのか否かです。それが日本の子どもたちや孫たちの人生に直接影響しているのですから、私たちはまなじりを決し、褌を締め直して事に当たらなければなりません。

ところで、「中小企業」「中小企業」と言われますが、何をもって中小企業のカテゴリーに入れているのか？　簡単におさらいをしておきましょう。

日本には「中小企業基本法」というものがあり、その第2条で次のように中小企業の定義を定めています。

製造業　従業員300人以下または資本金3億円以下。
卸売業　従業員100人以下または資本金1億円以下。
小売業　従業員50人以下または資本金5000万円以下。
サービス業　従業員100人以下または資本金5000万円以下。
その他の業種　従業員300人以下または資本金3億円以下。

しかし、法人税法や法人企業統計などでは資本金1億円以下の企業が中小企業とされています。どうですか、あなたの会社は中小企業に属していますか？

そうであっても、なくても、ぜひ次に読み進んでください。

日本の中小企業は、よく言われているように、本当に稼ぐ力が大企業に比べて弱いのでしょうか？　それが、実はそうでもないんです。

経済産業省の2014年の統計によれば、製造企業における売上総利益率（粗利）の平均は、中小企業が24・9%、大企業が21・0%との報告がなされています。つまり、中小企業のほうが大企業を3・9ポイント上回っており、稼ぐ力が強いのです。では業種別に少し見てみましょう。

製造業における売上総利益率を見ると、中小企業が大企業を上回っているのは、繊維工業の12・9ポイント、木材・木製品製造業の8・7ポイント、金属製品製造業の7・9ポイントなどです。他方、中小企業が大企業を下回っている業種は、化学工業の▲9・8ポイント、飲料・たばこ・飼料製造業の▲5・6ポイント、食料品製造業の▲3・4ポイントなどです。つまり規模の経済が働く分野では当然大企業が優位なわけです。

次は卸売業を見てみましょう。

卸売業における売上総利益率の平均は、中小企業が15・8%、大企業が9・5%となり、ここでも中小企業のほうが6・3ポイントも勝っています。

卸売業における売上総利益率の中身は、中小企業が大企業を上回っているのは、各種商品卸売業の11・4ポイントが最も大きく、次いで建築材料、鉱物・金属材料等卸売業の7・9ポイント、飲食料品卸売業の2・3ポイントなどです。他方、中小企業が大企業を下回っているのは、繊維・衣服等卸売業の▲2・2ポイントのみです。やはり小回りが利くものは中小企業が優位なわけです。

意外に思われましたか？　皆さんの中小企業に対する先入観は払拭されましたか？

「いやいや、うちは大企業の下請けやっているけど、値下げ要求が凄くて全然利益が出ない」「近所に大手量販店ができたので、大方のお客さんを奪われてしまった」という悲鳴にも似た声が聞こえてきそうです。

確かに下請けをしている中小企業の状況は厳しいものがあります。

「優越的地位の濫用」は「独占禁止法」違反となるため、公正取引委員会でも厳しい監視をしていますが、両者が合意していれば、「優越的地位の濫用」には当たらないわけで、現実的には下請け企業が泣いているケースは枚挙にいとまがありません。

私の経験でも、大手小売店企業が、家具の製造下請け会社に、もの凄いプレッシャーをかけて「あと5%下がらなければ、他の工場に行こうかなあ！」と担当者レベルでも恫喝に近いことが日常茶飯事でした。

しかし、**下請け企業も一度ブランド企業として認知されれば、立場はだいぶ変わってきます**。後の章で実例を挙げてご説明します。

欧州の中小企業はなぜ儲かっているのか？

さて国内では大企業に伍して健闘している中小企業ですが、欧州勢と稼ぐ力比べをすると、非力が顕著になってしまいます。

全産業ベースの集計値について、中小企業の収益性を国際比較すると、２０００年以降、中小企業のＲＯＡ（総資産営業利益率、営業利益／総資産）を政府統計がデータの利用が可能な欧州の主要国と比較すると、日本は著しく低い水準にあります。ドイツの平均的なＲＯＡが約５％、フランスのＲＯＡが約３％であるのに対して、日本のＲＯＡは１％台にとどまっています。誤解のないように申し上げますが、ドイツ企業もフランス企業も中小企業です。ＢＭＷやルイ・ヴィトンは含まれていません。

欧州企業と比べると、売上高営業利益率の低さが中小企業のＲＯＡの低さを招いていることがわかります。

なぜ日本企業は稼げないのか

なぜ、日本の中小企業は売上高営業利益率が低いのでしょうか？

その理由の一つとして、以下の2点を仮説として挙げることができます。

第一に、**営業費用が売上げに見合った水準に抑えられていない**可能性があります。企業が負担する営業費用には人件費、減価償却費などの固定費と物流費などの変動費がありますが、どちらも売上げに対して高すぎるようです。

第二に、日本の中小企業は欧州の中小企業に比較して、**価格競争に巻き込まれている**可能性があります。

価格競争が激化したのは小泉政権が「官から民へ」「小さな政府」「規制緩和で自由競争」を標榜した結果、製造業がどんどん生産拠点を中国や賃金の安い東南アジアに移転してしまったことが主な原因です。

消費者から見れば、〝百円ショップ〟をはじめとして価格破壊が進行し、一見生活費が安くなってよかった、いい政府だ、ということになり、長期政権が成立しましたが、製造業の空洞化により、日本が〝デフレ〟という重い病に罹ってしまったのです。さらに製造業に従事していた熟練の職人さんたちの多くが失業してしまいました。

大企業が安い製品を大量に東南アジアで生産し始めれば、その下請けたる中小企業だって、ついていくか、独自に生産を東南アジアに移行するか、しか選択肢はありませんでした。

一方、国内でしか商売ができないサービス業は、デフレ進行によって価格を下げざるを得ませんでした。もし経営者が無理に人件費を下げようとすれば、人件費を固定費から変動費化しようとします。つまり正社員を減らし、非正規社員に切り替える。さらに残業代を一切払わない。不当解雇を行うなど、違法行為さえ起こす会社も顕在化されました。

それでも人件費や家賃などを抑制するには限界があるわけで、結果欧州勢に比較して儲けが少ない、ということになってしまったと想像できます。

中小企業が頑張れば、日本経済はよくなる

最近その差が縮まってきた、とは言え、大企業を100とすると、中小企業で働く社員

の給料は相変わらず60に留まっています。

デフレ経済の結果、全サラリーマンの平均年収は２０００年には約４７０万円もあったのに、２０１６年には４２０万円まで低下しました。

そしてデフレによって人々のマインドが内向きになり、消費から節約に向かったことは疑いようのない事実です。デフレをひと言で表せば、将来に対する悲観です。だって、モノやサービスの値段が下がる、ということは自分の収入だって減るわけですから。

人がお金を使わなくなると、当然サービス業の売上げは伸びません。すなわち縮小均衡、まったく成長が止まっている状態が続いているのです。

日本はバブル経済の頃のインフレに懲り、まさに「あつものに懲りて、なますを吹く」状態に陥ったのです。しかしデフレは、じわりじわりと体を蝕む恐ろしい病気で、インフレより悪病とも言えます。物価が下がると一見生活が楽になったように感じるので、人はデフレには鈍感になります。

基本的に企業は大なり小なりこのデフレ、という恐ろしい病に影響を受けました。それでも日本がだめなら世界で販売ができる大企業は、何とか利益を確保できました。

ところで**日本の中小企業のなんと70％が赤字って、ご存知ですか？**　当然法人税も払っていませんから、社会に対する貢献はゼロ、ということになります。これは大問題です。

しかし、これらがみんな倒産すると日本経済がずたずたになる、という政府や行政の判断があり、政策金融による資金供給や、中小企業の競争を抑制するための規制がなされています。しかしこうした対策は、非効率な企業の経営を温存するように働くおそれがあり、その結果中小企業の経営改革が促進されず、かえって価格のみの競争になってしまったのではないかと思います。

それで**〝隠れ不良債権〟**と、**本来潰れていなければならない〝ゾンビ企業〟**の山が築かれたのです。そう考えると、この環境下でも全体として大企業より中小企業のほうが利益率が高い、と言うことは、非常に稼ぐ力の強い一部の中小企業が全体を下支えしている、ということです。

それら優秀な中小企業の陰で足を引っ張っている赤字続きの多くの中小企業は、製品やサービスの差別化ができていないか、売上げに対して経費率が突出して高いかのどちらかです。

もちろん新しい製品やサービスを生み出すためのイノベーションが成されればV字回復も可能かもしれませんが、中小企業ではイノベーションのための投資は極めて難しいです。

たとえ金融機関からの借入で資金投入したとしても、それがすぐにリターンを生まないリスクがあるからです。

そこで日本の中小企業がそうしたリスクを取らずに、十分なマージンを確保するために、ブランドが果たす役割がますます重要になってきているのです。そうです、差別化こそ儲けるための鍵なのですから。

私が本書で、無理にイノベーションを起こして製品やサービスの差別化を狙うよりも、**はるかに安価なブランディングによって差別化を成し遂げる**ほうが、中小企業の経営にとって適切な選択だと強くお勧めする理由はそこです。

ではいよいよ次章では、そもそもブランドとは何か？　から話を始めます。

第2章

小さな会社にとってのブランドとは何か？

BRAND

ブランドは目に見えない会社の屋根

「大」から「小」の時代へ

ブランド、ブランドとひと口に言いますが、その概念はここ10年で大きく変わりました。それも中小企業に有利なように。

私は2007年に上梓した『ブランドビジネス——成功と失敗を分けたもの』（中公新書ラクレ）で、「有名でなければブランドではない。それも多くの人に認知されていなければならない」と述べました。世界的なブランドになるためには、当然なことです。同時に「ブランドとは独特の香りを放っていて、それは目には見えないが、人々の頭のなかにでき上がるもの」とも書きました。

あれから8年、世界じゅうで愛されているブランド、たとえばH&M、ルイ・ヴィトン、メルセデスベンツ、アップル、エルメス、ZARAが好き、という人は今でも多数派でしょう。

逆に「皆さんは知らないかもしれないけど、実はこんな逸品を私は発見したんです」といった、マイ・ブランド、あるいはアワー・ブランドに共感する人がどんどん増えています。このような志向を持った人たちは、世界じゅうの誰もが知っていて、どこでも手に入るブランドに対して、むしろネガティブな印象さえ持っています。皆と同じじゃ制服みたいで嫌だ、という感覚です。

小さな会社であっても、Webを駆使したワン・トゥー・ワンマーケティング※が発達すると、一人ひとりのユーザーに合わせたサービスや製品が提供できる世の中になりました。もちろん規模の小さな会社は大量の在庫を持つことができません。しかし、たとえば原料を備蓄している会社や工場をネットワーク化して完全受注生産でもお客さんは〝自分だけの〟製品や〝サービス〟にお金を払い、納品まで待ってくれます。紳士服や家具の業界で、ITを駆使したこのようなタイプの会社が登場しています。百貨店や量販店では販売していない、マイ・ブランド、マイ・プロダクト、マイ・サービスです。

消費者は、有名だから欲しい派、有名ではないけど、自分がよいと思ったから欲しい派に分かれます。後者は少数派です。でも少数派であっても、マイ・ブランドを自慢したくなるのが人の性です。自慢するのにうってつけのツールがSNS（Social Networking Service）です。なぜなら、他人から「いいね！」と共感されるから。

日本だけでもSNSを日常的に利用している人が6500万人もいると言われています。一般の人がツイッターで呟いたり、フェイスブックに投稿しても影響があるんですから、インフルエンサー（影響力が強い人）が発信すれば、瞬く間に拡散することがあります。昨日まで『私しか知らないだろう』と思っていた製品やサービスが、明日には何万人が知るところとなる。そんな現象が容易に起こる時代になりました。

実際に商品を手に入れた人や、サービスを受けた人が、その場でそれを写メしてSNSに投稿すると、共感を呼ぶことがあります。特別な逸品は値段が高い。でも実際に見てみたい。一度試してみたい。清水の舞台から飛び降りるつもりで買ってみようか？　という興味を他者に喚起することがあります。今やメーカー側やサービスを提供する側が意図しなくても、**消費者側がブランディングしてくれる時代**となったのです。もちろん昔からある口コミだって健在です。

もはや大企業が、TV、ラジオ、新聞、雑誌、リスティング広告、バナー広告に大金を投じて、百貨店やスーパーに営業をして売り場を構築し、さらにネットで注文すると翌日に届くシステムをつくり上げたものだけがブランドではなくなりました。

こうして顧客が増え、小さな成功を収めた小さなメーカーやお店は、お客さんが喜んでくれているのだから、もっと大量につくろう。大量につくれば値段を下げられる。そうすればもっと多く売れるだろう。売り場も増やそう。そのシリーズで別のモデルをつくろう。などとゆめゆめ考えてはいけません。はじめにで述べたように、お客さんの顔を見てはいけません。そして市場規模を測ったり、他の類似ブランドがいくらで販売している、など気にも留めなくていいです。いや、気に留めてはいけません。売れているのは、あなたの製品やサービスが他と少しだけ（あるいは大きく）違っているからなのですから、あくまでもニッチ市場のなかに留まっているべきです。小川のせせらぎで生きている小さなメダカは、流れの速い大河では生きてはいけません。

そしてブランドが持つ「独自の香り」を弱めたり、まして変えたりしては小さなブランドはたちまち霧散してしまうことを、胆に銘じてください。なぜならよほど強い香りを放ち続けなければ人の記憶力なんてあっという間に消えてしまうのですから。

ところで人々を惹きつける「独特の香り」をつくり出すにはどうしたらいいでしょうか？　それこそブランドの鍵です。それをこれからじっくりお話ししていきます。

※ワン・トゥー・ワンマーケティングとは、企業がマーケティング活動を行っていく際に、顧客一人ひとりの趣向や属性などをもとにしたうえで、顧客に対して個別にマーケティングを行っていくという方法。

ブランドはなぜ会社の屋根なのか

冗談みたいな話ですが、税収減に苦しむ政府が〝ブランド税〟の導入を検討していた時期がありました。それだけブランドというものが生み出す資産効果を認識していたのです。

知的財産法の下にある「商標法」（１９５９年4月13日法律第１２７号）は、商標を使用する者に独占的な使用権（商標権）を与えることにより、業務上の信用の維持を図って産業の発達に寄与するとともに、需要者の利益を保護することを目的とする、と規定されています。すなわちトレードマークやサービスマークは業務上の信用力（ブランド）を維持できるものと法律も認識しているのです。

ちなみに、知的財産権で他の代表的なものは三つあります。

特許権。発明を通して特許を取得した人に、その発明を「特許法」や「パリ条約」で保護しています。

実用新案権。物品の形状等に係る考案を「実用新案法」で保護しています。

意匠権。工業デザインを「意匠法」や「パリ条約」で保護しています。

ブランドの資産価値が話題にのぼるとき、よく引き合いに出されるのがコカ・コーラです。コカ・コーラという企業価値を、モノの売り買いだけをベースに仮に7億ドルと見積もったとしても、ブランド価値はその100倍の700億ドル（約7兆円）以上はあるだろう、と言われています。それはアップル、グーグル、ルイ・ヴィトン、BMWにも言えるでしょう。それほど**商品の売買利益より、ブランド価値のほうが何十倍も、何百倍も高い**のです。

ブランド税は導入されなくてよかったですが、ブランドとはそれだけ長期間にわたる利益をもたらしてくれる資産であることの証です。

さて、私は会社を「家」にたとえると（フランス語では「会社」のことを本当に家を表す

「Maison」と言います）、ブランドは家を風雨から守ってくれる屋根のような存在だと思っています。

ブランドが屋根だとすると、この「家」の土台、つまり基礎は「人」と「金」です。人と金がなければ会社は成り立ちませんから。そして、事業活動の４本の柱は、売るべき「商品やサービス」、そして買ってくれる「顧客」、製造や販売のための「技術やノウハウ」、他社や市場の動向を知るための「情報」となります。

もしブランド、という「屋根」が脆弱だったら、雨漏りし、この４本の柱も腐ってしまいますし、最後は基礎も浸食され、家は倒れてしまいます。

こうして見ると、会社を守るために、しっかりとした屋根が必要なことがよくおわかりいただけると思います。そして強いだけではなく、屋根はセンスが大切なんです。金の鯱が載っかっていればいい、と言うものではありません。

ブランドを短期間に儲ける道具、とはくれぐれも考えないでください。ブランドとは長期間にわたって会社という「家」を雨風暑寒から守ってくれるものです。

屋根なのだから、定期的に点検をして、綻びや、弱っている箇所を修繕しなければならないのです。

綻びとは、ブランドがお客さんから正しく認識されていなかったり、ブランドに相応しい商品やサービスが提供されていなかったり、ブランドを持っている会社の社員がブランドの精神を正しく理解していないようなケースを指します。

ブランドは目に見えない

ブランドはおよそ次の要素でできています。

ブランドの名前、ロゴ、精神、哲学、歴史そしてコンセプト。どうですか、ブランドの名前とロゴ以外は可視化できませんよね。もちろん文章化することはできますが、たとえ文章にしたところで、その文章から受けるイメージは十人十色なはずです。つまりブランドとは人の脳のなかにでき上がる漠然としたイメージなのです。

コカ・コーラは大統領から工場労働者までが平等に楽しめるアメリカンカルチャー。ルイ・ヴィトンは世界へ冒険の旅に出かけるときに頼りになるパートナーです。

メルセデスベンツという車のブランドがあります。この車のブランド名を聞いて、素晴らしい憧れのブランドと思う人と、ちょっとネガティブなイメージを持たれる方もきっと少なからずいらっしゃるはずです。これはダイムラー社に問題があるのではなく、受け取る人次第だ、ということです。

メルセデスベンツとしては、世の中すべての人に称賛されたい、とはもしかしたら考えていないかもしれません。

それより経済的に成功した人だけに称賛されたい、別の言い方をすれば、顧客を選別しているのではないでしょうか？　顧客の差別化です。これは結構大切なことで、「誰でも」ではなく、「選ばれた貴方だけに」と言うメッセージを送っているのです。だから「選ばれなかった人」のなかには、ネガティブなイメージを持つ人が現れるのです。

ブランド要素のうち、特に大切なのは**「コンセプト」**です。Conceptを辞書で引くと「概念」なんて書いてありますから、日本人のわれわれとしてはよくわからなくなってしまいます。

私なりに「コンセプト」を意訳すると「切り口」や「入り口」と言うことができます。

多くの会社では、さまざまな製品やサービスを扱っていますが、どの製品やサービスでも、その会社が扱っている「切り口」や「入り口」は一つであってほしいのです。小さな会社で入り口はいくつもいりません。「切り口」や「入り口」が複数あると、お客さんは、この会社は何をしたいのか？　誰に向かって商売をしたいのか？　がわからなくなってしまいます。さらにそこで働く社員も、次にどんな企画を考えればいいのか？　どのお客さんに営業をかければいいのか？　迷いが生じてしまいます。すると力が分散されてしまい、100％の効果が得られないのです。

しかし会社が「切り口」を明確に決めてしまえば、商品企画や営業戦略はとてもやりやすくなります。この「切り口」を「お客さまの幸せなライフスタイルを実現するための総合サポーティング企業です」などと漠然とした表現にしてはいけません。情緒的ではありますが、客や取引先には「切り口」がはっきり見えません。「切り口」は鋭く、具体的でなければ、だめです。

たとえば、「子育てをしながらでも、20歳～40歳代の女性がやりがいを持って、長く仕事ができる会社です」「お客さまの多くは、50歳以上の地元の女性です」「慣れるまで少し使いにくいかもしれませんが、何しろ丈夫で長持ちです」「重いのが難点です。少し洗いづらいです。日々のお手入れも必要です。でも一生の友となれる製品です」「お客さまからご注文をいただいてからつくり始めるので、お料理をお出しするまでに、15分から30分くらいお時間がかかります」のように。

「やらないこと」を決める

当社は、当店は、「これだけ」という割り切りをつければ、社員はぐっと仕事の幅が狭まり、仕事の効率は上がります。ホースで水を撒くとき、ホースの先を潰して出口をぎゅうっと狭めると、水が勢いよく出る、あれと同じです。

人は「自由に何でも好きなようにやっていいよ」という自由で広大な指示を出されると、結構なプレッシャーを感じるものです。逆に「これとこれはやらないで、これだけやってください」と幅の狭い指示に対しては、一見窮屈な印象は受けるものの、効率の高い仕事ができるのです。

東芝やシャープ、それにちょっと前のSONYは、これができなかったために、巨額の赤字に陥ってしまったのです。テレビは止められない。シロモノ家電も止められない。しかしそれらは、世界市場では完全に競争力を失って、儲からない製品となっていたのです。一方アップルは家電製品はやらない。ダイソンは価格競争はやらない、今までに存在していなかったデザイン家電しかつくらない、と明確に決めてあったので、短期間に成長できました。

一方百貨店業界はどうでしょうか？　市場規模が２０００年には10兆円あったのに、２０１５年末には6兆円まで減少してしまいました。原因の一つとして、かつて百貨店は何でもあることの〃強み〃を持っていたのに、今では逆にそれが〃弱み〃になったことが挙げられると思います。この間、衣料品やファッションに特化した専門店や駅ビル、駅近のファッションモール等が百貨店を抜き去ってしまったのです。特に40歳代より若い人たちは、自分のライフスタイルや好みに合ったお店で買い物をするようになったので、エルメスからコロッケまで売っている百貨店に対して、便利ではあるものの、魅力的な小売店とは映らなくなったのかもしれません。もちろん百貨店収益の大きな柱である婦人衣料品がユニクロやしまむら等、値段に強みを持った企業に奪われたことも衰退の大きな原因です。

こうした流れに危機感を抱いている百貨店のなかには、「百貨店」から「五十貨店」に変身しようとしている企業も少なくありません。たとえば、新宿伊勢丹です。「ファッションのイセタン」を標榜して、品揃え中心に店内をつくったので、ファッションと言えば新宿伊勢丹になることができました。特に収益性が低いと見られていた紳士衣料品や雑貨をスタイリッシュに演出した〃メンズ館〃は、全国、いや海外からも注目される存在になりました。〝メンズ館〟に限って言えば、もう百貨店ではなく、限りなく専門店に進化しています。

伊勢丹という東証一部上場企業を例に出してしまったので、当惑されている読者もいらっしゃるかもしれませんが、あなたの街のラーメン屋、カレーライス屋、歯医者、小児科医を思い浮かべてみてください。

豚骨細麺だったら「○○○」。キーマカレーと言えば「○○○」、歯列矯正と言えば「○○○」、子どもが嫌がらない小児科と言えば「○○○」というように特色がある小さな町の店やクリニックがあり、それらはいつもお客さんや患者さんで溢れている、ということを目の当たりにしていませんか？　繁盛としている理由は、「○○○」と言えば「○○○」という風に一つの強みに集中した経営ができている、ということです。小さなクリニックなのに、内科、外科、小児科、皮膚科、と看板に書いてあったらどう思いますか？

もし読者のなかにお蕎麦屋さんがいらっしゃったら、たとえば、うどんはやらない。丼物はやらない。酒類は日本酒と蕎麦焼酎数種類以外は出さない。と仮に決めたとすると、相当入り口は狭まります。蕎麦好きだけに来店してください、という強いメッセージになり、誰からも当店のコンセプトをはっきり理解してもらえることでしょう。

BRAND

儲けるためには決意と人が必要

① 値下げをしないと決める

前章で見たように、欧州勢の稼ぐ力が強い、つまりより多くのマージンを獲得している要因は複数ありますが、ひと言で言えば、「値下げしない、と決めた！」ということに他なりません。

「え〜！ そんなの答えになっていない」という轟々たる声が読者の方々から聞こえてきそうです。しかし、そういうことなのです。

普通、ブランドだから値下げしない、と理解されがちですが、逆も真なりです。値下げをしないから、ブランドとして見られるのです。

B2B（Business to Business）だけではなく、B2C（Business to Consumer）においても、値下げをしない、ということは、顧客満足から逆行しているように思われるかもしれません。お客さんは常により安いものを求めているのだから。

しかしこれは、必ずしも正しくありません。

顧客は機能的な価値と同時に、情緒的価値を判断しながら購入を決めます。情緒的価値をアップするのに、ブランドは最も有効です。はじめにで「お客さんの顔を忘れて商売をするべき」と述べたのは、それが最もフェアにお客さんを遇する方法だからです。

皆さんも経験がありませんか？

正札通りの値段で買い物をし、翌週用事があったのでその店を覗いてみると、自分が正札通りの値段で買った商品が半額で売られていた、なんてことが。

そうです、欧米勢が値下げしない、と決められるのは、有名か無名かは別として、自分たちが提供している製品やサービスがブランドだと信じているからなのです。結果として高い利益率を確保できます。たとえ中小企業であっても。その高慢とも言える態度によって消費者は直感的に『これはブランドなのかもしれない』と悟るわけです。するとその時点から情緒的な価値は高まった、ということができます。

身近な例で恐縮なのですが、わが家から車で10分のところに、ご夫婦二人で経営している〝プクガリ〟という手づくりパン屋さんがあります。粉、塩、すべてにこだわった手づくりパンを製造販売しているので、当然のことながらチェーン展開しているパン屋さんの製品より4割以上は高い商品となっています。開業から2年間ぐらいは、経営が本当に大変だったそうです。オープン当初雇っていたアルバイト従業員も事情を話して全員辞めてもらい、以来夫婦二人で切り盛りしています。立地も京王線の烏山駅から徒歩5～6分のところで、駅前というわけではありません。

このような条件下、一度プクガリのパンを口にしたお客さんは、次第に他のパンでは飽き足らなくなっていき、わざわざ高いパンを、時間をかけて買いに行くようになったのです。パンは取っておけないので、夕刻からたいてい値引き販売をします。しかしプクガリはしません。それでは、朝一番に駆けつけてくれるお客さんに申し訳ないからだそうです。これが彼ら流のブランディングなのです。

② ブランドは人がつくる

日本のサービス業では、「お客さまは神様」と言われます。本当にそうでしょうか？神様は慈悲深く、いつも許してくれます。しかし実際はそうではない！　お客さんは実は「王様であり、女王様」なのです。製品やサービスには常に完璧を求めます。万が一、瑕疵があれば容赦なく叱られるし、悪くすると二度と買ってはくれなくなります。さらに、悪い評判が立てば、他のお客さんへも影響します。

そんな厳しいお客さんの要求に一から十まですべて応えていたら、利益がどんどん薄くなってしまいます。

中小企業にとってブランディングとはファンづくりと同義語です。**ファンを裏切らないために、逆に値引きをしない**、という選択があります。ファンというのはイコールリピーターですから、会社やお店にとってこんなにいいことはありません。

ファンは、多くいればいい、とも限りません。むしろコアで深いファンがいたほうが中小企業にはとっては有利です。なぜなら、広く薄いファンに応えることは中小企業には難しいからです。

私が約10年ほど前、東京は代官山にひっそり佇む小さなテーラー（紳士服仕立て屋）でスーツの採寸を受けていたときです。仕立てのスーツ（オーダースーツ）と言っても、一流百貨店の紳士スーツ売り場の吊るしのスーツと同じぐらい、欧州のブランドものスーツの半額以下の値段です。

そこへ一見のお客さんがひょっこり現れて、「おたくバーゲンってやるの？」といきなりきました。

この店はオーダースーツの他に、既製品も売っていました。採寸中の店主、嫌な顔一つ見せずに、「こんにちは。うちは、バーゲンは一切やらないんですよ。もしスーツをお探しでしたら、そちらにかかっている新作からご覧いただけますか？　あと、オーダーでしたら、生地見本もこちらにございます」

「あっそ、じゃあ、ちょっと見せて」と、お店に入ってきて、品定めを始めました。

その一見のお客さんの心理状態は、バーゲンをやらない、ということはふだんの値段が適正なんだろうなあ、と想像する。またせっかく買ったスーツやジャケットが期末に安くなってがっかりすることがない、と思ったに違いありません。

バーゲンをしない、と店主がきっぱりひと言発したことが、この店がブランド化した瞬間です。エルメスやシャネルが決してバーゲンセールをしないのと同様に、この代官山の小さな紳士服店は、バーゲンをしない。その代わり値段に見合う品質をいつも提供している、という自負があったのです。

これは商品点数が少ない小売店だったからできることです。大手衣料品店では、シーズンごとに大量の製品を仕入れ、シーズンが変われば、新しい製品を店頭に並べなければならないので、バーゲンセールは必須です。しかし、小さなお店なら、バーゲンセールなしでも経営は可能かもしれません。

もう一つ大切なことは接客です。もし、この一見のお客さんが飛び込んで来たとき、店主の反応がまずかったら、と想像してみてください。「今、このお客さんをやっているんで、後にしてください」とか「うちは値引きなんかしないんです」と、つっけんどんに返答したら、どうだったでしょうか?

当然、このお客さんはスーツを買わないどころか、この店に悪い印象を持って二度と来店しないことは想像に難くありません。

実は、私はこの店主と楽しくお喋りをしていました。そこに買うか買わないかわからない一見客です。よほど気をつけないと、この人に逃げられてしまうようなシチュエーションです。仲間内でやっているような雰囲気に見えますから。しかし店主は微笑みを持って、「高橋さん、ちょっと失礼します」と言いつつ、招き入れましたから、その人も気持ちよく入店することができたのです。

小さな会社やお店の場合、製品と同じぐらい大切なのが、接客です。接客がブランドをつくる、と言っても過言ではありません。それは営業にも言えることです。誇りと接遇。この絶妙なバランスこそ、小さな会社やお店がブランディングするための鍵です。

顧客は人につく

営業と言えばこんなエピソードもあります。

私の知人に、大手自動車会社の営業マンだったK氏がいます。彼はルックスもよく、トークも上手。しかも大の車好き。入社して配属になった販売店ではかなり上にいけるだろうと内心自信満々でした。案の定、入社1年目からメキメキと頭角を現していき、2年目には販売成績が上位に食い込むほどになりました。

ところが同じ販売店には、社長賞を何度も受賞したことがあるエース、Y氏がいたので、K氏の成績は霞んで見えてしまったのです。

その営業マンY氏は高校卒業して入社16年目。地味なスーツのズボンに筋はなく、ネクタイは、えっと思わず引いてしまうような柄。敏腕営業マンのイメージからはほど遠い存在だったそうです。さらにとつとつとした喋り方は、お世辞にも営業向きとは言えない。極めつけは自動車の営業をしているくせに、メカニックに疎い。

ある日K氏は、このエースY氏から声をかけられました。

「ねえ、K君、ちょっと訊いていいかな?」

「はあ、私でわかることでしたら」

「ねえ、FFって何の意味だったっけ?」

目が点、頭真っ白。内心『この人、俺をからかっているのかな?』『それともジョークを飛ばしているのかな?』しかし、よく訊き返してみると、このY氏はFF(フロントエンジン、フロントドライブ)を本当に知らなかったそうです。

『こんなことがあっていいはずがない』、Y氏がトップセールスでいられた原因を突き止めようと、その日からK氏は徹底的に彼を観察することにしました。

そのうち、ついに一つの答えが導き出せたそうです。それは、Y氏はいつもお客さんの言うことを熱心に聴いている、ということでした。たとえば愚痴や社会に対する不満など、車の販売とはまったく関係のない話題でさえも。

彼が肌身離さず持ち歩いている手帳。これにはお客さんの家族構成、年齢、誕生日、職業、趣味、好み、悩みに至るまで、詳細に書き込んであったそうです。

お客さんの詳細なプロフィールを把握しているわけですから、こんな会話は朝飯前なのです。「あの〜、先日は、お嬢様のご結婚おめでとうございました。ご夫婦お二人になって、少しお寂しいのではないですか？　最近燃費がぐーんとアップした新車が発売されました。だいぶコンパクトになって、奥様の車庫入れは、ずいぶん楽になるんじゃないでしょうか？」

K氏はポケットマネーで自分の顧客に誕生日カードと顧客が負担に感じない程度の小さなプレゼントを絶対に欠かしません。また慶弔のご挨拶も忘れなかったそうです。車の知識が乏しくても、顧客がこの人と話をしたくなるように仕向けていたのです。その一番の奥義は、〝聞き上手〟ということが言えます。

コミュニケーション、と言いますが、営業にとって、商品説明より、お客さんが話すことに耳を傾けることのほうが大切なのです。聞き上手になると、お客さんが今何を求めているのか、が見えてきます。たとえば、お客さんの家族構成や趣味が変わったときは、車を売るチャンスです。もともと口下手なY氏は、顧客と対面したとき、おそらく7割以上は聴いていたのです。まさに〝沈黙は金〟。立て板に水で、一方的に車の知識を披露する営業マンが必ずしもエースになれるとは限りません。

このY氏、この地域でY氏を知らない人はいないほど、有名だったそうです。自動車会社の名刺は持っているものの、この人自身がブランドになっていたのです。

外見でもブランディングする「蔵持」

大企業から小さな会社の話に戻りましょう。

茨城県に〝蔵持〟という注文住宅の建築会社があります。社員数は40名弱です。この会社は伝統的な数寄屋造りの工法で家を建てるノウハウを保持しているのですが、3代目社長のポリシーで、男性社員全員にクールビズを一切認めていません。ですから7月から9月までの間にお会いすると、ちょっと気の毒なほど、皆さん顔を真っ赤にして、汗を拭いながらスーツにきちっとネクタイを締めています。

これを今風ではなく、非合理的だ、と批判することは簡単です。しかし伝統工法で注文住宅を提供し続けている同社の矜持なのです。ですからどの商談に赴いても、真夏にスーツにネクタイを締めているのは「蔵持さんの人だね」と目立ちます。つまりブランディングができています。

蔵持の家は高品質なので、ブランディングをしなくても売れそうな気もします。名刺やカタログ、接客マニュアルなどもよく整備されていますが、極めつけはクールビズを絶対にしない、というわかりやすいブランディングを実施しています。

社長をはじめとして人がブランドになっていれば、おのずと差別化になってしまいます。

リピート率アップ=カスタマー・エクイティーアップ

フィリップ・コトラーの至言を借りるまでもなく、新規顧客獲得にはリピーターへの販売の約10倍のお金が必要になるわけで、リピーターや顧客をどれだけ増やすことができるか？　に企業経営の命運がかかっている、と言っても過言ではありません。

そして何よりリピーターはあなたの商品やサービスのファンなのですから、利益をもたらしてくれるだけではなく、ブランディングにも貢献してくれている、ということです。そのリピーターをつくり出しているのはブティックで販売している人、ディーラーで営業している人、レストランでサービスをしている人、企業向けの営業マンやウーマンに他なりません。

英語でカスタマー・エクイティー（Customer equity）と言いますが、一人のお客さんが、あなたの会社やお店にどれだけの利益をもたらしてくれるか？　という意味です。このカスタマー・エクイティーを高めることこそ、中小企業が最もやらなければならないことです。

その意味で、小さな会社の場合、フロントラインにいる人たちがブランドをつくっている、と言うことができるのです。お店の〝看板娘〟目当てにお客さんがやってくるのは、江戸の昔もＩＴが発達した現代もちっとも変わっていないのです。この〝看板娘〟こそブランドです。

そして、ブランディングは〝差別化〟です。

競合他社と差別化することができれば自社の製品やサービスもおのずと目立ちます。最も安価にて、最も取り組みやすいのが、〝他社〟ではなく、〝他者〟との差別化です。あなたの会社にも必ず個性的な人がいるはずです。大企業では、〝出る杭は打たれる〟のたとえもある通り、個性を出しすぎないことが出世につながります。どの社員に尋ねても同じ答え、同じ反応が返ってくるように訓練されています。それがガバナンス（企業統治）に直結するからです。

しかし中小企業では、他者との違いが大切ですから、社員一人ひとりの個性を前面に出せるような環境を保ってください。そうすれば、その個性的な、つまり差別化ができる社員や販売員を目指してファンが、つまり顧客が来てくれます。

この章に登場した大手自動車販社の営業マンのお話ですが、今から20年も前の話であることを言い忘れました。今ではきっとFFを知らない営業マンなど一人もいないと思います。と、同時にこんな個性的な人も絶滅危惧種になっているのだろうと想像すると、少し寂しいです。

小さな会社やお店の場合、どんどん個性を発揮して差別化をしてください。そうすると値引きをしなくても、その個性が好きなファンが少しずつ、口コミによって増えてくるはずです。大企業のように、広く浅い、つまり最大公約数的な企画やサービスは中小企業には向いていない、ということを忘れないでください。
次の章では、実際に成功した会社の例を見ていくことにしましょう。

第3章

これだけ！に絞るブランディング

BRAND

「これだけ」という割り切りがマネできない強みをもたらす

一意専心で成功する

規模の小さな会社の場合、あれも、これも、やってはいけません。「これだけ」と、自分の得意分野に集中してください。

それを長年続けてきたお陰で、事業が永続的に成功している会社を何社かご紹介します。


〈白鳳堂〉

化粧用筆で世界シェアの5割を持つ〝白鳳堂〟は約200年間の筆づくりの歴史を持つ広島県熊野町で1974年に創業。月産約50万本に上る筆をすべて、広島本社工場で生産している会社です。この生産能力を支えるのは、伝統技術を応用した工程の細分化と道具化と言います。もちろん長年かかって開発した技術は、企業秘密であり財産でしょう。

普通の化粧用筆は、筆先をカットして長さを揃えるものですが、白鳳堂は人の手で筆先を揃える、という職人技を駆使した生産により、使う人、特に女性の肌に圧倒的に優しい触り心地を実現しています。非効率と言えば、これほど非効率な製造法はないように見えますが、頑なに〝非効率〟な製造を続けたお陰で、世界の高級化粧用筆市場で不動の地位を確立したのです。

しかし一点ものの工芸品ではないので、量産するための「筆の穂製造法」の特許も取得したそうです。これだけ手の込んだ商品の品質を安定化し、しかも量産できるのが白鳳堂の最大の強みで、他社の追随を許しません。まさに化粧用筆と言えば白鳳堂と言われる所以です。しかも生産拠点はローカルから出ない。ローカルでブランディングをし、しかも世界から評価を受ける。本書の教科書のような会社です。

〈辻谷工業〉

埼玉県富士見市の商店街のなかにある小さな町工場は、陸上競技で使用する砲丸、ハードル、スターティングブロック、バトンなどを製造していますが、世界のアスリートの間で〝辻谷工業〟の名を知らない人はいません。

同社が、鋳物の塊から汎用旋盤の削り出し加工のみで製造する砲丸は、国際競技規格を満たし、世界で唯一完全に真ん中に重心がある砲丸と言われ、オリンピックや世界選手権で、事前の規格審査を無審査で通過する精度と信頼を持っています。

同社における砲丸製造の歴史は、1966年にスポーツ用品メーカーからの受注によって砲丸を製造したのが始まりで、1988年のソウルオリンピックで初めて自社製の砲丸が採用されたものの、使用した選手は誰一人いなく悔しい思いをしたそうです。

その後、自分の砲丸を改良すべく欠点を探り始め、同じ重さの砲丸でも飛距離が全然違うことに気づき、飛ぶ砲丸と飛ばない砲丸の違いは重心の違いにある、と結論づけました。その後は重心が真ん中にある砲丸を目標としてつくり始め、アトランタオリンピックを皮切りに、シドニーオリンピック、アテネオリンピックと3大会連続で、上位8位の入賞者のほぼ全員が同社製の砲丸を使用していたことで一躍世界のTSUJITANIとなったのです。

2004年に中国重慶で行われたAFCアジアカップ2004を見た辻谷社長は、中国人観客のマナーの悪さへの不満から、北京オリンピックへは自社製の砲丸を提供しないことを決め、実行しました。このような気骨が尊敬される所以です。

さらにオチがあります。このことで北京五輪では大会前から砲丸投げの新記録が出ないだろうと噂されていましたが、実際に新記録が打ち立てられることはなかったのです。

よきブランドはよき経営の上に宿ります。そして時流に流されず、自分の立ち位置を変えない、事業領域を変えない、ということも大切です。一意専心とは、古来から日本の商人の精神を表している言葉です。

究極のブランドとは？

室町時代（１５０１年）から和菓子を製造している〝**虎屋**〟の**羊羹**は高価だ、という定評があるから、虎屋は羊羹を一本３０００円で販売することができるのです。誤解しないでください。羊羹一本３０００円が高すぎる、言っているのではありません。３０００円のなかには５１５年の歴史、受け継がれた製法、さらにそれを時代に合わせて微妙に調整している研究開発、お店の設え、包装紙に至るすべてが虎屋というブランドの価値となっている、ということです。何より大切な財産は、店頭で販売している社員一人ひとりがブランド（この場合暖簾）に誇りを持って販売していることです。

羊羹一本3000円が高いか？　安いか？　適正か？　は、ひとえに消費者一人ひとりの判断ですが、いまだに隆盛を保っている、ということは、顧客は適正な値段だ、と認識しているに違いありません。本書の趣旨に則ってご説明すれば、虎屋は虎屋として「やらない」ということを明確に決めているので、515年虎屋でいられるのです。虎屋のロゴや名前は秀逸でよくデザインされていますが、これは虎屋の価値の小さな一部分でしかないことをご理解いただけたと思います。

虎屋の例でもわかるように、イノベーションを起こして、突飛な製品開発をしたり、世界初のサービスなどを編み出す必要はまったくありません。ふだんわれわれが普通に使っている製品やサービスを少しだけ改善や改良することにより、お客さんからは他社とは異なるように見えたり、感じたりするものです。これが小さな会社のブランディングの妙味なのです。

マーケティングの教科書では、ＵＳＰ（Unique Selling Proposition）を持ちましょう、と教えています。他にはない製品やサービスのことです。しかし、言うは易し、行うは難し！　そんなに簡単ではありません。しかも開発投資をする余裕のない会社では途方に暮れてしまいます。しかし、前述したように、これはやらない！　という整理をしていけば、おのずと残った部分、そうカルピスの原液のようなものがＵＳＰになるのではないでしょうか？　それがその会社の強みになります。あとは営業や販売員が上手に顧客に伝えてさえくれれば、結果としてブランドになってしまった、ということになります。

市場シェアを伸ばすのではなく、顧客シェアを伸ばす

大手企業、特に上場企業ともなると毎年増収が至上命題です。毎年増収するためには、市場シェアを伸ばす以外に方法はありません。東芝の前の社長が「チャレンジ！」とひと言発すれば、部下はどんなに無理をしても売上げをあげなければならなかったそうです。

しかし中小企業の場合はキャッシュフロー経営を心がけていらっしゃると思います。たとえ黒字であっても資金が回らなくなった瞬間に会社は倒産してしまいますから。俗に言う黒字倒産です。

じゃあ、どうやって利益を伸ばせばいいのか？　それこそが本書の基本テーマです。

ブランディングは手段でしかなく、目的ではありません。最終目的は営利企業である以上、利益アップです。

売上げは市場シェアを広げていくことで、上がっていくものです。商売の原点が客数×客単価なのですから、客数を増やすのが、市場シェアの拡大です。

一方、本書のテーマは客単価を上げる、です。そのためにブランディングをしましょう、と提案をしています。

なぜなら小さな会社の場合、無理をして市場シェアを取りにいくと、すなわち客数の増加を狙いにいくと、販管費が体力以上に消費され、結局ボトムで利益が残らない、というリスクを孕んでいるからです。

もちろん例外はいろいろあります。

たとえば、ある売上げ規模を保っていないと、工場の最低生産ロットが回らなくなってしまう。市場全体が拡大しているので、その流れに乗っていれば、無理をしなくても、自然に市場が拡大していく。投資家がついていて、ある特殊な商品を今売らなければならない状況になっている。8割以上の確率で、成功できる。などの特殊な状況の場合です。

あるいは世の中が一新するような新製品や発明、あるいは難病を治す薬。あるいはツイッター、フェイスブック、ブログのように、それまで存在していなかったが、やってみるととても面白く拡散性のあるもの、などイノベイティブな商品を発売するケースもあります。大げさに言えば、一夜にして１００万ドル儲ける人だっています。

しかし一般的には、今の経済状況において、小さな会社は規模の拡大、規模の経済性、規模による増益を狙うのではなく、売上げは微増あるいは同レベルを維持しながら、粗利を上げることを主眼に置いて本書は書かれています。

経営に奇跡はありません。

そこで顧客シェアを伸ばすことを考えましょう。

顧客シェア、それはファンを増やすことと同じ意味です。ファンは、あなたの会社や、その会社が製造する製品をよく知っています。だから口コミの発信源にもなってくれるはずです。

小売店だったら、過去の買い上げデータを持っていると思いますが、これは最も貴重な情報と言えます。何を？　いつ？　どれだけ買ってもらったか？　を、顧客については把握していただきたいと思います。

そして忘れてはいけないのは、あなたの会社や製品、それにサービスに対してファンだからこそ、厳しい目を持っている、ということです。ファンは、あなたの会社が好きです。だからこそ、もしサービスや製品に不備や問題があったら、「なんで私を裏切るのか？」という心理状態になり、お叱り。クレームがある、ということは、ファンのままでいてくれる可能性が高いので、クレーム転じて福となす。まさにファンとさらに絆を強めることができるチャンス到来、と思ってください。

一意専心でやってきた会社は、例外なく市場拡大を狙ってきたのではなく、顧客を増やすことに専念してきたのです。

BRAND

OEM事業でもブランディングできる

さてこれからOEM専業の企業にとってブランドとは何か？　について具体的に考えてみることにしましょう。

OEM（下請け生産）を生業としている製造業の社長とお会いすると、よく訊かれることがあります。

「うちも長年同じような製品をつくっているが、そろそろ自社ブランドをつくって、粗利アップを図りたい。自社ブランドさえあれば、発注元から値切られる今の環境から脱出することができるから。どうすればできますか？」と。

確かに、自社ブランド製品を持ち、その認知度が上がっていけば、ＯＥＭ生産より商品当たりの粗利率は格段にアップするかもしれません。今まで培ってきたノウハウを活かして自社ブランド製品をつくって売りたい、と考えるのは至極もっともなことです。そうすることを強く勧めるコンサルタントも少なくないでしょう。

でも会社経営の目的は最終利益を上げること、という大原則に当てはめてみて、自社ブランド製品をつくることがはたしてその会社にとって、得なのか？　損なのか？　についてはじっくり考えてみる必要があるのではないでしょうか。

新しいブランド製品をつくり、儲けるためには、ブランドを信じて売る営業と我慢強さがとても大切です。

「え～、商品開発力やマーケティング力が最も重要ではないんですか？　もちろんそれを実行するための資金も」という質問に私は次のようにお答えします。

「確かに魅力的な商品開発力、それを顧客に伝えるためのマーケティングは重要です。もちろんある程度の資金も必要です。しかし、それはメインではなく、サブ的要素です」と。

自社ブランドがうまくいかない理由

自社ブランドをつくってもうまくいかなった会社を観察してみると、その大半が、収支計画が甘く、たとえば2年後には黒字転換し、3、4年で投資資金をすべて回収し終わっている、というような事業計画を立てています。

その場合、販売が思うように進捗しないケースが大半です。

さまざまな理由があるのですが、大別すると営業が「ブランドだから強く売り込まなくても自然に売れるだろう」と、必死の営業努力を怠りがちになっていたのです。また、今までOEMを経営の主軸に置いてきた会社の営業は、OEM先、つまり取引先に非常に気を遣います。OEMこそが当社の利益の源泉なのに、自社ブランドが万が一取引先と市場で競合しようものなら、OEMの取引そのものに悪影響を及ぼしかねないと。

また長年OEMの営業に携わってきた営業部隊は、得てしてルートセールスや紹介セールスには長けているものの、新規取引先開拓には慣れていないものです。ですから自社ブランドに資金を投じて開発しても、思うように売れない、ということも起こりがちです。

もちろんOEM製品と自社ブランド製品のデザインやスペック、それに市場価格を分け、営業部もそれぞれに分けて成功している会社も少なくありません。

またOEMをむしろ縮小し、自社ブランドだけで勝負をかける、という英断をし、見事に成功した会社もあります。

でも、万が一計画通り売上げが立たなかった場合、その状況を経営側は我慢して追加的事業資金を投入するのか、計画を見直すのか、組織を改変するのか、ともかく施策を打たずにいると、あれよと言う間に2年、3年と時間が経ってしまいます。その間に自社ブランド製品の収支は悪化するばかり。

3年経っても新規のブランド事業の黒字化が達成できないと、当然投資資金の回収は大幅に遅れます。すると経営会議では、このブランド事業は継続しないほうがいいのではないか？　と議論されるようになります。詳しい分析もなされないままに、諦め論が急浮上してくるのです。取締役会でも、管理系の役員から「止めるなら、傷の浅いうちに、止めるべきです。これ以上続けると、資金が流出するばかりか、社員のモチベーションにも影響します」という発言まで飛び出しかねません。

自社ブランド製品が振るわなかったら、ＯＥＭで稼いでいる社員にも示しがつきません。日本企業においては「取引先からの信頼」と「社員モチベーション」は伝家の宝刀。結果、経営幹部の選択肢は極めて限られてきます。

そのような状況に陥ったときに導き出される解決策は、残念ながら「撤退」の二文字です。

ですから今までＯＥＭ製造を主軸に経営をしてきた会社の場合、自社ブランド開発と販売を決意する際には、商品開発やマーケティング戦略を立てると同時に、営業戦略と、経営側がどこまで我慢できるのか？　というストレステストを十分に行っていただきたいのです。

その際は、裏の収支計画、つまり一般社員には見せない、最悪のシナリオも準備しておいてください。

この章を読んだ方は、「高橋はブランド本を書いているくせに、自社ブランド製品開発を否定するのか？」と思われるかもしれません。しかし、私は自社ブランド製品を開発し、販売し、十分な利益が出せるまでには相当な覚悟が必要です、と申し上げたいのです。マーケティング主導で、Ｗｅｂを中心に広告を打ち、楽天に出店し、アマゾンで扱ってもらい、ショールームや店舗を開設すれば容易に儲かるだろう、とはゆめゆめ考えないようにしたほうがいいでしょう。

ただし、ＯＥＭを生業としてきた会社が自社ブランド製品を販売することで、会社の価値が上がり、ＯＥＭの営業にむしろプラスになるケースも少なくありません。その場合、自社ブランド製品の収支を単独で見るだけではなく、それが本業の売上げにどれだけ貢献しているか？　という側面も分析し、新規事業部隊のモチベーションアップに活用してください。得てして新規事業部隊は、社内で「金食い虫」と揶揄されがちになりますので。

ＯＥＭで評価されてきた会社は、多くの場合高い製造技術と、品質管理能力を備えていて、それが取引先からの信頼につながっているはずです。

一方営業力が弱い、という弱点を持っています。もし強い資金力があり、多額の商品開発費と広告宣伝費を捻出できる大企業であれば、さして営業努力をせずとも、順調に市場を取っていけるかもしれません。実際、フィリップ・コトラーは「マーケティングとは、営業活動を不要とさせる行為のことである」と規定しているくらいですから。

しかし、もし背伸びをして自社ブランド製品を出すのであれば、結局鍵となるのは営業力や販売力である、ということを忘れないでいただきたいのです。

さてここで視点を変えて、ＯＥＭ事業そのものをブランド化する、という道に目を向けてはいかがでしょうか？　これは言わば〝第三の道〟です。次節から詳しくお話しします。

BRAND

付加価値を高めて発注元に入り込む

ＯＥＭならではのノウハウを生かす

ＯＥＭで経営を続けてきた会社は、たいてい発注元から、値段や納期について常に厳しい注文をつけられています。なおかつ、以前は少品種大量発注だったのに、今は多品種少量発注になってしまった。そこへもってきて為替の変動に見舞われ、原材料のコストが安定しない。このような三重苦、四重苦に喘いでいる会社も多いと思います。それでも完璧な品質の製品を納期通りに納めて当たり前の世界です。

本書はブランドというキーワードを基軸としているので、本章では、そんな苦しい状況のなかでも、自社を何とかブランド化して、粗利アップを図れないだろうか？　という観点でお話をします。

まずは自社の強み、コアコンピタンスについて棚卸しをしてみましょう。人も会社も同じですが、欠点を直すより、長所を伸ばしたほうが短期間に結果が出せます。また総花的にどんな仕事でも引き受けるのではなく、自社の強みが遺憾なく発揮できる分野に特化して受注したほうがよい成績が残せます。これを社長はじめ、社員全員が再確認をする必要があります。

まずは機能。

日本の製造業において、機能と言うと、どうしても性能や耐久性だけに目が行きがちです。この部分において日本の会社は間違いなく世界トップクラスです。「下町ロケット」で描かれていたような町工場においても、ワールドクラスの技術を持った会社が、日本全国津々浦々で頑張っています。

ＯＥＭでは、通常発注元がデザインやスペックをすべて細かく指定してきます。下請けはそれを忠実に再現するだけ。しかし技術情報や製造ノウハウは圧倒的に請け負っている製造会社のほうが多く持っているわけです。

であれば、思い切ってこちらから（受注会社）、機能やスペックについて積極的に提案をしてみてはいかがでしょうか？　受け入れられ、取引先からも一目置かれ、製造コストの削減にもつながれば、一挙両得です。

さらに一歩ステップアップして、その商品の売り先や売り方まで一緒に考えられるようになれば発注元との関係はますます強化されます。

提案しっぱなしではなく、「われわれがこのスペック変更を提案する理由は、このような売り先で売れると考えたからです。営業に同行させていただければ、当社の製造責任者が細かい点をご説明します」と、製品供給のみならず、人も関与させることができたら、相当深く入り込んだことになります。

そのうちに発注元があなたの会社に頼るようになってくれればしめたものです。もちろん値入り交渉は発注元のルーティンですから、毎回「もう少し価格何とかなりませんかね？」とか「急で申し訳ないんだけど、月内に納品できるかな？」などの依頼は続くでしょう。しかし先方はあなたの会社を確かに頼りにし始めているので、無理難題は言わなくなるはずです。

OEMにおいて特定の取引先へ依存しすぎは禁物

さて商品の種類ですが、理想を言えば、ニッチな商品に越したことはありません。あなたの会社がいなければ、取引先の製品供給に支障が生じるようにすることができますから。

たとえばｉＰｈｏｎｅをはじめとするスマートフォンに使われている部品の約５割が日本企業のものであることはよく知られていますが、ＳＯＮＹ、京セラ、村田製作所、ロームのような大企業のみならず、小さな会社も少なくありません。世界のスマホは日本の部品メーカーなしにはつくれない、とまで言われるようになりました。たとえば埼玉県にあるカシューと言う塗装会社はｉＰｈｏｎｅのコーティングを一手に請け負っています。つまり世界の他のメーカーではできないオンリーワンの技術が、世界で最も厳しいと言われるアップル社に高く評価されているのです。しかしもちろん現状に安閑とはしていられません。万が一ｉＰｈｏｎｅが不調になり、売上げが減衰してきたら、たちまち発注量が減ってしまうかもしれません。また値入り率も年々厳しくなる可能性があります。

もしある部品が代替可能であり、もっと安くて性能のよいものが海外メーカーから供給されるようになれば、シェアを失うリスクすらあります。

そこで中小メーカーなら、できるだけニッチな部品を手がけると、スイッチングコストが高くなり、発注元はおいそれとメーカーを替えられなくなります。このスイッチングコストをいかに上げるか？　が、ＯＥＭ生産で高い利益率を確保し続ける一つのコツと言えるでしょう。

発注元から信頼され、スイッチングコストが上がってくると、宣伝などしなくても、結局あなたの会社は業界では知られる存在となります。また安定した利益率を確保しているはずです。

ここで気を緩めてはいけません。

儲かっていることを取引先から悟られないようにしなければなりません。そのためには、どんなにある発注元から利益を得ていても、一社からの売上げや利益率を全体の50％以上にしてはいけません。せいぜい30％に留めておくべきです。でなければ、あなたの会社の粗利額はいずれ筒抜けになってしまいます。そうすると、発注元は、再び値切り交渉を仕かけてくるかもしれません。あくまでもＯＥＭのキャスティングボードは発注先が握っているのですから。

ところでOEMオペレーションで、何よりも大切なのは、発注元企業が元気で成長しているか？　あるいは成長余力があるか？　の見極めです。発注元が伸びてくれなければ、こちらはどうしようもありません。発注元の業容が拡大していけば、こちらも一緒に成長できます。

それでも発注元がスランプに陥ったときこそ、企画に付加価値をつけ、営業サポートまですれば、それに恩義を感じ、恩返しをしてくれることが期待できます。

こうしてお互いにＷｉｎ‐Ｗｉｎの関係が築ければ、ＯＥＭ＝下請け＝低粗利、という負のスパイラルから抜け出し、むしろ少ない投資とリスクで実利を取ることが可能になるのです。

さて究極は、発注元とアライアンスを組むことも検討されるでしょう。発注元と合弁会社をつくるまでになれば、盤石に近い状態となります。

こうしてＯＥＭを生業としている会社でも、確実に毎年増収増益を果たしていると、その会社は評判となり、宣伝などしなくても、新しい顧客が現れるものです。すなわちブランディングができた、ということになります。

BRAND

イタリアの小さなシャツ工場に学ぶOEMの極意

ご紹介するのは、小さな家族経営のシャツ工場です。

ミラノから車で1時間半ほどの小さな街がモンツア。F1レースが催されることで有名です。

パオロ・スパーニャ氏のシャツ工場はモンツアからさらに車で30分ほど行った小高い丘の上にあります。

典型的なイタリアンファミリービジネスです。いつもアルマーニのネイビージャケットにアウディA6で颯爽と現れる痩身のパオロの奥様は〝肝っ玉母さん〟。まさにマンマ（お母ちゃん）。長女は30歳前後で、その弟は27、8といったところ。企画担当が2人、工場の従業員は20人くらいです。

自社ブランド製品は一切持たず、ひたすらOEMで会社を20年以上も経営してきた男です。しかもシャツ以外のアイテムには一切手を出さず。私は当時日本の大手アパレルメーカーのコンサルタントを務めており、その会社のＰＢ（プライベート・ブランド）製品の製造をパオロの工場に委託していたのです。

ある日ランチタイムにパオロにこんな投げかけをしてみました。

「来年シャツ以外にもバッグや革小物、それにできれば靴をシャツコレクションに加えようと思っているんだけど、どこか信頼できるメーカーを知っていたら紹介してくれないか？」

「同じデザインコンセプトで？」

「そう、今はシャツだけだけど、来年の秋冬から、雑貨やアクセサリー類も加えて大きくしたいんだ」

「あ、そう。じゃあ、僕に任せてくれないか？　君が納得するコレクションを集めてみるよ」と、事もなげに答えるパオロの真意がよく呑み込めませんでした。

「だって、君は単にシャツを縫製しているだけじゃあないか？　もしバッグや革小物を製造しているメーカーを君が知っていたら紹介してほしいだけなんだけど」

「いやいや、それじゃ君があちこち走り回らなければならないだろ？　僕のほうでプロデュースさせもらうよ。まあ明日の午後4時まで僕に時間をくれないか?」

そうまで言うのなら、と私はいったんミラノに引き上げ、翌日の午後遅くパオロの工場を再訪することにしました。もちろん半信半疑どころか、ほとんど期待はしていなかったのですが、たまたまミラノで別の会議も予定されていたので、3年来の付き合いであるパオロの申し出を受けたのです。

さて翌日パオロのオフィスを訪ねて驚きました。まさに私が心に描いていた通りのサンプル商品が大きなテーブルの上に並べられていたのです。どうしてこんなに短時間にこれだけコンセプトのベクトルがぴったり合ったサンプルを集めることができたのでしょうか? それはイタリアンマフィアの仕業なのでしょうか? 当らずとも遠からず、です。

パオロが仲間に連絡を入れ、これこれこう言うコンセプトで、こう言う商品サンプルが欲しい、と知人に連絡をすれば、センスのよいサンプルが魔法のように集まるらしいのです。

パオロのプロデュース代を加えると多少割高にはなりますが、私が一人でイタリアのメーカーを回り、見積もりを取って、交渉するよりはるかにコストが安いのは確かです。

こうしてイタリアの地方の小さなメーカーは他社と協力し合って、海外からのオファーを絶対に取りこぼさないようにがっちりガードを固めているのです。

それにしても驚いたのは、パオロをはじめとするメーカーのセンスのよさです。単に下請けとして指示書通りにものをつくるのではなく、常にデザインやコンセプトについて創造性を発揮しているイタリアンメーカー。これこそが小さな会社でも、安売りをせずに世界じゅうの顧客にモノを売ることができている力の源泉だと思い知った午後でした。

ただし、私も長年ビジネスの世界に身を置く人間として、このコレクションをそのまま先方の言い値で了承するわけもなく、いろいろと注文をつけた挙げ句、価格については相当なハードネゴを夜の8時ぐらいまでしました。

お腹も空いてきた折、「そろそろディナーでもどうだい？　車で15分くらいのところに、美味い店があるんだ」とパオロ。

その夜は湖の辺に佇む小さなレストランで、キャンドルで演出されたテーブルでイタリアンディナーとワインを堪能しました。特に印象的だったのは、パオロお勧めのイチゴのリゾット。米に苺？　と初めは恐る恐るスプーンを口に運びましたが、そのまろやかな味は今でも舌が覚えているほどの絶品でした。

あれほど口角泡を飛ばして価格交渉をしたのに、何となくパオロの望む、つまり彼が計画した商品価格に落ち着いてしまったようで、われながら多少の後悔もありましたが、OEM専門のパオロの老練な戦略にハマってしまったようです。

こうしてイタリアの小さな下請け専門の縫製工場は、東南アジアのようにシステム化された工場で規格品を量産するのではなく、クリエイティビティーを遺憾なく発揮し、顧客に対してもずけずけと提案をし、家族、地域の仲間、そして食まで味方につけて巧みに価格競争から逃れて会社を経営しているのです。

彼にとって、アルマーニのジャケットも、アウディA6も営業ツールなのかもしれません。

このコレクションは日本でも評判を取り、メイド・イン・イタリーの小さなラベルをつけたファクトリーブランドは、大手百貨店やセレクトショップでも扱ってもらいました。

パオロの工場は確かにOEM専業で自社ブランドはありません。しかし客の要望に応えるプロデュース能力を備えることで、目には見えない付加価値が生まれ、会社や社長のパオロ自身がブランド化されてしまうのです。もちろん服装や所作、接待するレストランのセンスなども商品だけではない、ブランディングのための演出です。

100%下請けでも儲かる方法

次は、従業員100名は超える、中規模な会社のお話です。

ミラノから車でたった30分足らずの場所にその会社はあります。

ロンバルディア州、ミラノ郊外ペロ市にある化粧品メーカーS社は、クリーム類、シャンプー、ボディークリーム、歯磨き粉まで、化粧品メーカーが販売する化粧品のほとんどを下請け生産している。100%OEM専門のメーカーです。

フランスの名だたるラグジュアリー系化粧品ブランド、たとえばシャネル、ゲルラン、ロレアル、ジバンシー、ランコム、セフォラ等、超高級化粧品ブランドの下請けとして、知る人とぞ知る工場です。ここのラボには凄い開発、製造ノウハウが蓄積されているそうです。

化粧品は一度市場で売れ始めれば非常に利益率の高いビジネスです。しかし一つの商品を研究開発するには大きな投資が必要です。特に安全性の確保と、芸術性の両立には、相当な投資がかかるものです。彼らがフランスの大手ブランド企業から重宝されているのは、研究開発をすべて自分たちのリスクで行っているからです。つまり一番金がかかって、もしかして儲けにならないかもしれない部分を請け負っているのです。まさにハイリスク、ハイリターンのビジネスです。

大学の薬学部を卒業したマリーナ・レンツィーニ（Marina Lenzini）さんは、同じペロ市にある製薬会社、モンテファルマコ社に就職し、微生物検査の仕事を行う研究員でした。化粧品の仕事が大好きだった彼女は、10年間同社に勤務した後、１９７８年に大学教授のジャンニ・プロセルピオ氏と共同で、化粧品の原料製造、品質検査を行う開発研究会社を設立します。仕事の内容は今までの製薬会社でやっていた彼女の専門である微生物学研究の延長でしたが、大手ハンドクリーム会社Ｎ社から、ハンドクリームの品質検査（クリーム中に微生物が混入していないかどうかを検査する）の依頼を受けて創業しました。その後、昔勤務していた製薬会社からも仕事が入るようになったとのことです。

社長のレンツィーニさんは次のように語っています。

「わが社は１００％下請け専門ですが、20年以上にわたって研究開発を最重要視し、投資を行った結果、イタリア以外に欧米の有名化粧品ブランドもクライアントとして獲得することができました。わが社は研究開発から製品の包装までを含めた化粧品の製造から、化学物理学検査、微生物学検査で品質保証された製品を提供しています」と彼女の経営方針は１ミリもぶれません。

同社は五つのセクションに分けられ、それぞれが会社の活動を有機的に支えています。⑴化粧品新製品の研究開発（下請け）、⑵化粧品最終製品の製造、包装梱包（下請け）、⑶自社開発した化粧品構成成分の販売、⑷化学物理学検査、細菌微生物学検査、⑸教育として技術書の発行、化粧品技術の教育セミナーの開催など。さらにこの会社は国から高度な技術を有する研究施設として認定を受けた数少ない研究所の一つです。

たとえばシャネルのような大手と言えども、社内ですべて研究開発を行っていては、肝心要のマーケティングに回せる資金が限られてしまいます。そこで、昔から欧州では、ブランドの開発とマーケティングはそれが得意なフランス人が、製品の研究開発には、それが得意なイタリア人が当たる、という分業が成り立ってきたのです。

これは化粧品に限らず、アパレルやファッション、靴、バッグなどもそうです。

これだけリスクを取り、投資をし続けても躍進を続けているところを見ると、開発力と効率的な製造プロセスが卓越している、ということです。誰ですか？　イタリア人は休みばかり取って怠け者だ！　なんて言っている人は。イタリアの高い生産性は、実は高い創造性にもあるのです！

ＯＥＭだって、工夫次第でもっともっと儲ける方法はあります！

化粧品のＯＥＭ製造に徹し、研究開発を重要視するレンツィーニ社長の科学者としての情熱が堅実な会社の成長を導き、さらに世界的な市場を獲得するに至った原動力と言えるでしょう。

まさに一意専心です。

BRAND

デザインは受注増につながる

イタリアでなぜ家具製造が発達したのでしょうか？　それは居住スペースの大きさと密接に関係があります。

地方はともかく、１９６０年代までミラノのような大都市のアパートの専有面積はとても狭かったようです。これでは都市住民の生活水準が上がらない、とイタリア政府は大都市の集合住宅（アパート）の標準的な面積を100平方メートルにしようと定めました。その後20年ぐらいかけてイタリア大都市にある集合住宅の専有面積は徐々に大きくなっていきました。イタリアのみならず、欧州の大都市に一戸建てはほとんど存在しませんから。「住」は経済効果が最も大きい産業分野の一つです。住居を広くすれば、照明やカーテンをはじめとして、調度品の需要は飛躍的に高まります。しかも単に新しくするだけではなく、まずは大きなソファを置きたくなる、続いてダイニングテーブルやチェアとなります。

日本のように靴を脱いで家に入る習慣のない人たちにとって、家具のなかで最も重要なアイテムはソファ、ということになります。腰をかけるだけではなく、寛ぎ、語らい、読書や趣味をするための重要な道具だからです。長い時間をソファの上で過ごしますから、リビングルームのサイズに入る目一杯大きいものを選びます。

こうなると家具メーカーや家具デザイナーの腕の見せどころとなります。単に座り心地がよく、耐久性があるだけでは消費者は満足しなくなります。見ているだけでもうっとりするようなデザインが求められるようになるのです。ソファは機能だけではなく、そこに座っていないときは、部屋の重要なオブジェとなります。ソファがインテリアの主役になると、カーテン、カーペット、タイル、照明器具やランプシェード、小さな家具は脇役として主役の引き立て役になります。一つひとつのデザインが発達するのは自明です。

こうしてデザインは機能の最も重要な一部分となり、さらにその製品のブランディングの重要な位置を占めるに至ります。今は家具のお話をしていますが、他の工業製品にも当てはまります。たとえば車。同じような性能の車でも、デザインにエッジが利いていて、人目を惹くことで、その製品の名前や認知度が上がる、すなわちブランディングに資する、ということです。

下請けでもデザインで生き残る

イタリア人は60～70年代からデザインが製品のブランディングの重要なパートを占め、値段を上げる役割も果たすことを知るに至り、デザインに磨きをかけていきます。

デザインだけを生業とする会社（デザインオフィス）が次々に起業されます。

もちろんカッシーナのように老舗ブランド名があったほうが有利です。しかし資金力のない中小企業では広告宣伝で短期間に知名度を上げることは不可能です。

もちろん長い間商いを続けて徐々にブランドにする、という正攻法もあります。しかし忙しい現代社会では、なかなか待てません。

そこで第三の道として、デザイン、という選択肢があるのです。

2008年、私がカッシーナに勤めていた頃、家具のOEM専業B社の社長から工場を見に来てくれ、と言われてミラノから車を飛ばして立ち寄ったことがあります。その社長、次のようにのたまったのです。

「私たちは長年有名家具メーカーの下請け製造をやってきましたが、デザインの多くはうちから提案したものです。当社にはすごいデザインと図面のアーカイブスがあるんです。クリエーションと製造技術の両方を蓄積しているんです。だからどんなブランドの家具もつくることができるのですよ。今では日本をはじめ、世界30カ国以上の企業と取引をしています」

初め彼のコメントの意味するところがよく理解できませんでした。下請け製造の営業をしているのかとばかり思っていたら、実は有名ブランド家具のコピーも手がけますよ、という意味だったのです。確かにイタリアンブランドの家具を、イタリアの会社がコピーをして、メイド・イン・イタリーとして商売をしています。

この話を聞いて、他社のデザインを盗用するなんて、けしからんことだ。と、憤慨していらっしゃる読者も少なくないと思いますが、ちょっと待ってください。

ここで、少々寄り道をして、そもそもオリジナルデザインとはなんぞや？　という話に立ち戻ってみましょう。

デザイナーは血のにじむような努力の末に、一つのデザインをつくり出します。しかし、その彼や彼女と言えども、過去に他人がデザインしたものを勉強し、それらをアレンジして「新しいデザイン」をつくり出しています。

時としてそれら新しいデザインが、故意によるものか、不可抗力によるものか、コピーや盗作と見なさることもありますが、そのことをあまり恐れず、自信を持って新しいデザインを提案するべきだと思います。なぜなら「よいデザインとは、よい機能に宿る」（バウハウスのポリシー）と言われているので、往々にして似てくるものなのです。

デザイン（意匠権）は工業所有権の一つで、法律でがっちりガードする国（フランス）と、基本的にできるだけ自由に広く万人が使えるようにするべきだ、という考え方（アメリカや日本）の2種類があります。

日本の場合は後者ですから、芸術品とは認められない家具などは、工業製品と見なされているので、著名建築家やデザイナーがデザインした製品であっても、意匠権の期間が切れればオープンにされ、広く使われるべきと考えられています。

それでは、自社のデザイン価値を守ることはできないのでしょうか？

答えはブランディングによって、顧客に判断を仰いでもらうのです。

つまり法的には守られていなくとも、消費者が「こちらのデザインのほうが素敵で価値が高そうだ」と思ってもらえるように策を講じるのです。ブランドのロゴ、パッケージング、営業や接客、ホームページ、店やショールームなどを駆使してデザインの価値をアップすることができます。

デザインという切り口に多少の投資をすることはＯＥＭ企業にとっても検討に値すると思います。もちろんたいていは自社内にデザインができるリソースはありません。そこで外部のデザインオフィスやフリーランスのデザイナーに依頼することから始めてみてはいかがでしょうか？

優秀なデザイナーは半歩先の市場や需要を見ているはずです。なぜならデザインを起こしてから、製品になるまでに普通は1年以上かかるので、先を見る癖をつけているのです。そして、もしあなたの会社が雇ったデザイナーを発注先の企画会議やプレゼンテーションにも参加させてもらえるようになったらしめたものです。下請けから、パートナー企業へ一歩近づいたことになりますから。

そうなれば自社の評判や価値が徐々に上がり、価格を値引かなくても発注してもらえるようになるはずです。「A社の製品はセンスがいいな！」と業界で評判になる、イコールブランディングになります。

OEM専業の会社であっても、デザインという武器を手にすると付加価値がアップされ、粗利アップと企業ブランディングに資するのです。

かくしてOEM専業の会社は、製品開発やデザインに特化し、それを販売力があり、広告宣伝に投資ができる会社に強力に販売してもらう、という分業は業務効率アップにもなります。

まとめ

OEM（下請け）か？　自社ブランド開発か？　の二者択一ではなく、OEM専業であっても、創造性やプロデュース力、あるいは開発力を備えることによって、OEM企業のブランド化ができます。もちろん自社内で完結しようとせずに、外部リソースを活用することをお忘れなく。

第4章

小さな会社がお金をかけずにブランドをつくる法

BRAND

〈地理〉を使って高く売る

地理的表示法を活用!

日本でもいわゆる「地理的表示法」(正式には〝特定農林水産物等の名称の保護に関する法律〟)が欧州から遅れること23年、ようやく2015年に施行されました。この法律について、農林水産省では「農林水産物・食品等の名称から当該産品の産地を特定でき、産品の品質等の特性が当該産地と結びついているということを特定できるもの」と規定しています。つまりこの地域でなければ採れない、つくれない農林水産物であると認められればよいのです。

品質、社会的評価その他の確立した特性が産地と結びついている産品について、その名称を知的財産として保護する法律は、国際的にも広く認知されており、世界で100カ国を超える国と地域で施行されています。考えてみるに、農業国（だった?）、林業国（だった?）、漁業国である日本が本法律を施行したのはいささか遅きに失した感は否めませんが、ともかくできたことは喜ばしいことです。

地理的表示法の大先輩、フランスやイタリアの事例で代表的なものをご紹介しましょう。たとえば、フランスの「カマンベール・ドゥ・ノルマンディー」（チーズ）やイタリアの「プロシュート・ディ・パルマ」（生ハム）は日本でもお馴染みですね。

前者について、どっしりとして、なめらかな円柱形のチーズ。表面は薄く白カビの層で覆われており、軽い塩味とフルーティーな食味が特徴。独特な芳香を持つ。フランス・ノルマンディー地方で飼育されたノルマン種の牛の生乳を、少なくとも50％以上使用。19世紀後半から引き継がれている伝統的な製法により生み出されている、と法律で規定されています。

一方、プロシュートですが、パルマ地方の豚モモ肉と、塩のみを原料とした生ハム。カットした生ハムはピンクから赤色で脂肪部分は白く、繊細でまろやかな甘みと軽い塩味、独特の芳醇な香りが特徴と明記されています。そしてイタリア・パルマの丘陵付近で生産された生ハムのみが、プロシュート・ディ・パルマとして認可され王冠型の焼印を受けられる。さらにアペニン山脈から丘陵に吹くそよ風が空気を乾燥させ、伝統的な製法で、何世紀にもわたり、生ハムの製造を可能にしてきた、などと詩的な表現はいかにもイタリア的です。

登録第1号は「あおもりカシス」

さて肝心の日本ですが、登録番号第1号に輝いたのは、全国区ではまったく無名であった「**あおもりカシス**」です。さわやかな酸味や独特の芳香があり、アントシアニンも豊富。完熟したものから選別し、すべて手摘みで収穫。昭和40年に弘前大学教授がドイツで、青森の気候に適するであろうと苗木提供の申し出を受けて導入。品種改良せず、当時の品種のまま地域で守り育ててきた、と規定されています。

次にご紹介するのは、全国区でも知名度抜群の登録番号第4号の夕張メロン（夕張市農業協同組合）です。特徴は、果肉は、内部色はオレンジ色で、繊維質が少ないことから非常に柔らかくジューシー。芳醇な香りが強い「**夕張キング**」という品種を使用しており、糖度は10度以上。地域との結びつきでは山や丘陵に囲まれて昼夜の気温差が大きく、また、降水量が少ないうえ、火山灰土壌で水はけがよいという地理的特徴から、優れた品種特性が発揮される。さらに、栽培技術の蓄積による細やかな栽培管理により、この地域でないと「夕張メロン」を栽培することはできない、と記載されています。

その他にも、登録番号第6号の江戸崎かぼちゃ（稲敷農業協同組合）、登録番号第11号鳥取砂丘らっきょう／ふくべ砂丘らっきょう（鳥取いなば農業協同組合）など、世界的に有名な「神戸ビーフ」だけではなく、日本各地の農林水産物が次々と認定を受けています。

本章では法律を味方にしてブランディングをする、というお話です。

ブランドは家で言えば屋根の役割を果たします、と第2章でお話をしましたが、まさに地理的表示法は鋼鉄の屋根のようにあなたの大切なブランドを守ってくれます。

国が認めてくれれば、何人もその地理名を含んだブランド名を使うことができなくなるわけですから、コピー品を排除でき、希少性が高まるので、当然値引きをしなくても売れるようになります。もちろん地理的表示法により保護されるまでには、それなりの時間と労力がかかることは論を待ちません。しかし同法律が施行されるまで、平気で「アキタコマチ」「コシヒカリ」「アオモリのリンゴ」「レッドパールイチゴ」などのラベルを堂々と貼って本家の許可も得ずに近隣の国々が勝手に販売していたことを考えると、隔世の感があります。

今後世界最高品質の日本の農林水産物が地理的表示法によって守られていくことは、日本全体にとって多大なプラス効果があることは間違いありません。

守られているからこそ、生産に関するこだわり、品質の高さ（安全性）、美味しさや旨味、メイド・インどこどこの価値を堂々と伝えていくことができるのですから。

次節以降ではフランスとイタリアの代表選手、シャンパンとパルメザンチーズを例にとって、もう少し詳しく先輩たちのやり方を見てみましょう。

BRAND

シャンパーニュ地方のブランド戦略

シャンパンはなぜこれほど高いのか

世界で最も有名で、高価な発泡酒（スパークリングワイン）と言えば、間違いなく〝シャンパン〟でしょう。

しかしシャンパンは偶然できてしまった産物。

ベネディクト会の修道士ドン・ペリニヨンが、発酵中のワインを瓶詰めして放置したところ、瓶中で発酵しすぎてワインが泡立ってしまった。「こんな代物、捨てるしかないなあ。しかしもったいない！」と思いひと口飲んでみたところ、「これはいける」と、なったわけです。

シャンパンは、フランスのシャンパーニュ＝アルデンヌ地域圏で生産されたブドウのみを使い、瓶内で二次発酵を行ったうえで封緘後15カ月以上の熟成を経た、いわゆるシャンパン製法のスパークリングワインのみが、「シャンパン」と名乗ることを許されています。

さらに厳しい掟があります。

現在シャンパンと言う場合、１９１９年にＡＯＣ（アペラシオン・ドリジーヌ・コントロレ。原産地呼称統制法）によって定められた定義によって「シャンパーニュに使用できるブドウ品種は、ピノ系品種とアルバンヌ、プティ・メリエのみ」また２０１０年11月22日の政令による定義に基づき、シャンパーニュ地方でつくられた八つのピノ系ブドウ品種、ピノ・ノワール（Pinot Noir）、ピノ・ムニエ（Pinot Meunier）、ピノ・グリ（Pinot Gris）、アンフュメ（En fume）、アルバンヌ（Arbanne）、プティ・メリエ（Petit Meslier）、ピノ・ブラン（Pinot Blanc）とシャルドネ（Chardonnay）を材料として醸造されたスパークリングワインのことだけを指すことになりました。

したがって正式にシャンパンと認定されていないスパークリングワインは、別の名称を使わなければなりません。

たとえば、フランスのヴァンムスー（Vin Mousseux）、イタリアのスプマンテ

(Spumante)、ドイツのシャウムヴァイン(Schaumwein)スペインのカヴァ(Cava)などが知られていますが、それぞれ値段はシャンペンの半分以下です。

では、シャンパンはなぜこうも高いのでしょうか？

シャンパンの値段が高い理由の第一は、シャンパン業者が**「値引きせずに高く売りましょう！」と決めたから**です。抜け駆けをせずに。これ、一種のカルテルです。この決意と結束こそが、シャンパンが値崩れしない理由なのです。

そしてシャンパンの価値を高めるために、シャンパンはフランスの文化そのもの、という風に官民一体となって付加価値を世界じゅうに宣伝をしています。つまり高く売って利幅を多く取り、その利益で広告宣伝を展開していったのです。

実はかつてシャンパーニュ地方以外の地域でもシャンパンという名称でスパークリングワインが生産されていました。

また以前はカリフォルニア・シャンパンという呼称でカリフォルニア産のスパークリングワインがつくられていましたが、近年では、フランスのＡＯＣ法が尊重され、ＡＯＣの規格に則って製造されたシャンパーニュ地方製のスパークリングワインだけが、シャンパンと名乗ることを認められたため、カリフォルニアでは「シャンパン」という名前は使えなくなってしまいました。

またスイスでも伝統的に発泡系のワインをつくっていましたが、1974年に世界貿易機構により、この土地で生産されたワインについて、「シャンパーニュ」というラベルを使用することをやめるよう命令が出たのです。

日本でもシャンパンに似せてつくられた清涼飲料水を「ソフトシャンパン」と名づけて販売していたことがありましたが、フランス政府からの抗議があり、シャンメリーという名称に変更させられました。

希少性を高める

シャンパンは生産者ごとに番号が振られており、ラベルに記載されています。

私たちは、このシャンパンのブランディングから、さまざまなことを学ぶことができます。

まずは、同じ製法でつくった同種の製品の何倍もの値段で売れていること。

そのために、**製造レシピの川幅を極端に狭くしていること。** 別の言い方をすれば、人ができるところは人が行い、機械やコンピュータが入り込む部分をできるかぎり排除しています。ＡＩを駆使すれば、スパークリングワインは製造できるかもしれませんが、シャンパンは決してつくれない、という仕組みになっています。人の手がかかれば、かかるほど、高く売ることができますから。

また生産量を制限していることは重要なポイントです。数量を売るのではなく、一商品当たりの利益を重視しているからです。

さらに格付け。よく知られているのは、ボルドーではシャトー単位、ブルゴーニュでは区画単位で格付けが行われていますが、シャンパーニュ地方では村単位の格付けです。つまり栽培単位を「村」とし、その一つひとつに対して格付けがなされています。シャンパーニュ地方では、各村に対し80〜１００％までのパーセンテージでの格付けが行われ、このパーセンテージに応じた価格でブドウの取引価格が算出される仕組みになっています。

この格付けのなかで１００％の格付けが行われた村はグラン・クリュ（Grand Cru）17カ村、90〜99％の格付けが行われた村はプルミエ・クリュ（Premier Cru）44カ村となっています。

この格付けもフランスが誇るマーケティング戦略の柱と言えるでしょう。

そして何と言ってもこの章のテーマである、地理的表示法をフルに活用してブランディングを実践しています。財産を守っているのです。

何しろフランス共和国政府が後ろ盾になって、世界じゅうに目を光らせており、必要とあらば容赦なく攻撃を仕かけるのですから、天下無敵商品です。

攻め（マーケティング）と守り（ブランディング）が世界でも最もバランスよく実現できている実例です。

そもそもシャンパーニュ地方の気候風土はワインづくりには適してはいないのです。シャンパンはシャンパーニュ醸造の全過程に課される厳しい規定に基づき、酵母による自然な瓶内二次発酵を利用して、そのハンデを跳ね返しているのです。

ところでこれだけ大成功しているシャンパーニュ地方の製造業者がいまだに達成できていないことが一つだけあります。それはなんだと思いますか?

実はシャンパーニュ委員会では正式名称に「シャンパン」ではなく「シャンパーニュ」を使ってほしい、と世界じゅうに宣伝しています。しかし日本では「シャンパン」がすでに定着していることや、フランス語の音韻に近いことから、従来通り「シャンパン」と呼称するほうが多いのです。お目こぼし。

しかしそこまでブランドにこだわるシャンパーニュ地方とフランス政府はすごいと思います。不利な条件でも、付加価値をつけて世界一高く売ることは可能だとやってみせたからです。シャンパーニュに乾杯！

BRAND

パルメザンチーズの地理戦略

禁止されたパルメザンチーズ

私が幼少期（半世紀前）、日本の普通のプロセスチーズにも「パルメザンチーズ」というラベルが貼られて販売されていました。ところがいつの頃からか、パルメザンチーズという商品名はめっきり減ってしまいました。それもそのはず、パルメザンチーズと呼べるのは、イタリアはエミーリア・ロマーニャ地方で産出されたチーズのみに許された呼称となったからです。これを無断に使用した場合は、エミーリア・ロマーニャ地方から裁判を起こされ、間違いなく敗訴し、損害賠償請求されます。欧州の地理的表示法に詳しいミラノ大学の教授と話したことがありますが、世界各地での裁判の勝率は9割を超えている、と胸を張っていました。

イタリアの食を語るうえで欠かせないと言われるパルミジャーノチーズの起源はとても古く、またその生産地についてもかなり厳密に限定されていることで知られています。脂肪分を多く含んだ牛の乳を大量に使用して生産するため、その牛の確保が可能な土地が限られていたというのが理由でした。ちなみに、20キロのパルミジャーノチーズを生産するのに必要な牛乳は300キロにもなるそうです。

1200年代から、エミーリア街道沿いのピエーヴェ・モドレーナ（Pieve Modolena）からボルゴ・サン・ドンニーノ（Borgo San Donnino Fidenza）の細長い一帯にかけて、ベネディクト修道会の僧たちが灌漑技術を駆使して牧草を茂らせ、多くの牛の飼育に成功したそうです。生産に成功さえすれば、近くには商業の大動脈となるエミーリア街道が控えているので、採算はすぐにとれたのでしょう。

当時からイタリア北部産のパルミジャーノやグラーナチーズは「格別に美味なるもの」

としての評判は高かったようです。

パルミジャーノチーズの製造工程の秘密は最初の火入れは低い温度で、間を空けた二度目の煮込みは少し高めの温度で行います。しばらく寝かせた後、乳を凝固させるための酵素を加えます。次に、固まり始めたチーズをサンザシの枝で細かく刻み、再び煮込まれて凝固させます。その後の、味つけや熟成はペコリーノチーズと同じ工程で行われます。

ところでこの優秀なるチーズ生産業者たちは、ただの職人ではなく、チーズを生産し、それを販売するという、企業経営者でもあったのです。パルミジャーノチーズの名が世に知られるにつれ、チーズ工場は投機の対象になっていきます。

儲かる、となれば貴族も黙ってはおらず、１４００年代にはミラノのスフォルツァ家、ノヴェッラーラのゴンザーガ家（Gonzaga di Novellara）、サンヴィターレ家（Sanvitale di Fontanellato）、サン・セコンド伯ロッシ家（Rossi di San Secondo Parmense）、ランディ家（Landi di Piacenza）などなどの名門貴族が、ベネディクト修道会からチーズ生産工場を次々に購入していきます。

こうしてパルミジャーノチーズの評判はうなぎのぼりになり、需要に生産が追いつかず、その値段は天井知らずになりました。

歴史はブランドになる

イタリア全土に評判が響きわたったパルミジャーノチーズは、イタリア国外に輸出も始め、16世紀には、その知名度は欧州全域に広がりました。その質のよさもさることながら、長旅にも味が変わらなかったことが大きな理由でもあったようです。

16世紀の初頭には、中欧、南欧、中東にヴェネツィアから輸出されたパルミジャーノは、1600年代にイギリスにももたらされます。あるイギリス政府の高官は、1666年の死の際、貴重な遺品とともに「parmezan chiese」がともに埋葬されたことがわかっています。

パルミジャーノは製造過程の複雑さに加えて、輸送料も高く、仲買人は自らの儲けを38%から50%に設定して暴利をむさぼっていたそうで、当時の庶民の口にはめったに入らなかった肉よりもさらに高価なチーズ、であったことがわかっています。30キロ以上もあるひと塊りのパルミジャーノ・レッジャーノは高価であり、また熟成に時間がかかるため、イタリアの一部の銀行は業者からパルミジャーノ・レッジャーノを担保として預かり、ローンを提供していたそうです。

さて、日本語のパルメザンチーズという名称はフランス語のフロマージュ・パルメザン(fromage parmesan)と英語のパーマザーン・チーズ(parmesan cheese)の組み合わせからつくられていたようです。一般的には「パルミジャーノ・レッジャーノ風のチーズ」の意味で用いられていますが、日本ではアメリカ経由で粉チーズの形態で入ってきたので、粉チーズの総称として呼ばれるようになり、ナポリタンやミートソーススパゲッティのトッピングとして普及しました。日本やアメリカ合衆国ではクラフトフーズ社のパルメザンチーズ(粉チーズ)が最も有名ですね。

こうしていわゆる地理的表示法で、パルメザンチーズはその威光と価値がガードされています。

BRAND

フランスの田舎宿はなぜ予約でいっぱいなのか

田舎の小さな旗籠のブランディングとは

フランスの地方、特に小さな村に住んでいる人々はその土地が世界一だと本当に信じていて、何でパリのようにごみごみしていて、物価が高く、人がギスギスしていて空気と治安が悪い街に住みたいんだろう？　と、本気で考えています。

ですからフランスでは、その偉大なる田舎を描いた映画作品がたくさんあります。なかでも有名な、ベルトラン・タヴェルニエのアンディマンシュ・アラ・カンパーニュ（Un dimanche à la campagne＝邦題「田舎の日曜日」）は、フランスの田舎がいかに本物の田舎であり、国の宝であるか、ということを物語っています。

それくらいオラが村を誇りにしているので、各地に「偉大な田舎」がたくさん残っています。

言うまでもなく、いくら不便でも勝手に古い家を建て替えたり、外装の色を変えることすらできません。もちろん自分の家でもです。皆が好き勝手に家の意匠を変えてしまっては、村の全体の景観が保てなくなるので、それぞれがさまざまな不便は我慢をするのです。景観条例が厳しい例としては、窓辺に設えてあるお花のプランターは自分用ではなく、村を行きかう人が愛でるために絶やしてはならない、と決められています。

そのフランスの田舎を満喫できるのが、オーベルジュ（Auberge）です。その最も適切な和訳は「旅籠」ではないでしょうか？ 「旅籠」が古すぎる、とおっしゃるなら「民宿」か「小さな旅館」でもいいと思います。もちろん「ペンション」も近いものがあります。

日本の民宿や小さな旅館との共通点もあります。たとえばお料理が自慢であるとか、当主や番頭さんとの触れ合いがある、ということです。

でも、このオーベルジュが日本のそれらと決定的に違う点を申し上げなければなりません。まずは格付けがされている、ということです。

ミシュランはつとに有名ですが、それ以外にもフランスのルレ・エ・シャトー※（Relais & Chateaux）などの組織が厳格に格付けをしているため、それぞれの設備、サービスのレベル、食事、エレベーターの有る無しなどが一目瞭然です。

そして宿泊費は安くはありません。それでは、これからオーベルジュの秘密に迫ってみましょう。

まず、魅力的な環境が必要です。旅籠や民宿ですから、たいていは大都市にはありません。小さな村にひっそりと佇んでいます。

フランスの最も美しい村（仏：Les plus beaux villages de France）協会は、クオリティの高い遺産が多く残る、〝フランスの田舎の小さな村〟の歴史遺産の価値向上、歴史遺産の保護、そして観光に関連した経済活動の促進を目的として、１９８２年に発足しました。この村に選ばれるには、次の条件を満たしていること、と規定されています。

1　人口が2000人以下で、都市化されていない地域であること
2　歴史的建造物、自然遺産を含む保護地区を最低2カ所以上保有していること
3　協会が定める基準での歴史的遺産を有すること

4　歴史的遺産の活用、開発、宣伝、イベント企画などを積極的に行う具体的事案があること

　この〝フランスの最も美しい村〟は、フランス全土に現在157の村が登録されています。そのうちのいくつかの村とそこにあるオーベルジュをご紹介しましょう。

トップバッターは、シャトー&ホテル・コレクション会長アラン・デュカス氏のオーベルジュ。本業はパリのオテル・プラザ・アテネのレストラン「アラン・デュカス」や、モナコのレストラン「ルイ・キャーンズ（Louis XV）」の他、世界各地でレストランを経営していて、史上初めてミシュランから異なる国で三つ星を与えられたシェフです。

ニースとエクス・アン・プロヴァンスにラ・セルという小さな村があります。さすがにオーナーがデュカス氏と言うだけあって、ミシュラン一つ星のレストランがあり、調理直前に自家菜園で摘み取るハーブや新鮮な野菜、地中海の魚など地元の食材を生かした料理が堪能できます。

　ここからそう遠くないやはりプロヴァンス地方に、陶芸の街で、やはり〝フランスの最も美しい村〟に指定されているムスティエ・サント・マリーにもデュカス氏が経営してい

る全12室の小さなオーベルジュ「ラ・バスティード・ド・ムスティエ」があります。客室は果実やハーブなどの名前がつけられ、それぞれのイメージにあったインテリアで構成されています。ここにもミシュラン一つ星レストランがあり（当然ですが）、敷地内の果樹園とハーブ園で取れたその日食べごろの食材が素晴らしい魔法にかけられてゲストに供されます。心身ともに癒される極上の宿と言えます。

さらにリュベロン地方には〝フランスの最も美しい村〟に認定された「ルシヨン」「ルールマラン」「ゴルド」と三つの村が連なり、それぞれの村で魅力的なオーベルジュに滞在することができます。

これら〝フランスの最も美しい村〟で営業している小さなオーベルジュたちは、交通の便が極めて悪い（新幹線の駅から車で2時間とか、パリから車で6時間以上とか）、人里離れた小さな村に佇む間違いなく「旅籠」であって、いわゆるホテルではありません。レジャー施設やテーマパークなど影も形もありません。それでいて宿泊料金は最低でも、日本円で一人3万円以上です。それだけの情報を聞いたら誰も行かないのでは？　と考えてしまいそうです。しかしこれらの「旅籠」はいつも予約が取れない状況です。

まるで魔法のようですね。私たち日本人が考える顧客が満足する宿泊施設とは正反対のようです。彼らの最強の味方は、どこまでも素朴な田舎、なのです。またその田舎を守っているのは、もちろん地域の人たちの心意気を抜きにはできませんが、厳しい条例や法律だ、ということを申し上げたいのです。

そしてその地で採れた野菜、ハーブなどを使った最高のお料理と地ワインです。しかもそれら料理はミシュランをはじめさまざまな格付け会社が厳格に格付けしているので、オーナーはシェフ（シェフがオーナーの場合も少なくありません）と一緒になり、常に創造的な料理に工夫を凝らします。

昔からある環境を守るために、厳しい条例や法律があるお陰で、住民は大変な不便を強いられます。

しかし、そんな不都合を受け入れ、古い「田舎」を守り抜いているからこそ、小さな「旅籠」（オーベルジュ）が一泊3万以上でも、フランス人のみならず、世界じゅうの人から愛され続けているのです。

翻ってわが日本こそ、フランスに負けず劣らず素晴らしい「田舎」があります。これを味方にして、一泊3万円の民宿がもっともっと全国各地にあってもいいではありませんか？　大きなホテルチェーンに属しているのはなく、個人経営でも、十分に成り立つ事業だと思います。

※ルレ・エ・シャトーとは、パリとニースを結ぶ国道7号線上にある八つのオーベルジュのオーナーたちがパートナーシップを結び、1954年に創設したレ・ルレ・ド・カンパーニュからスタートしました。その後、「ラ・ルートウ・デュ・ボヌール（幸福の道）」という名称のキャンペーンを展開し、フランス全土に広がりました。今では世界で530ものホテルやレストランが加盟しています

BRAND

フランスの辺鄙な村にある世界的レストラン

「レジス・エ・ジャック・マルコン」はなぜ田舎にあるのか

パリから約600キロ南下、フランス第三の都市リヨンから100キロも離れた田舎（車で1時間半から2時間）、オーヴェルニュ地方サンボネ・ル・フロワ村にレストラン「レ

ジス・エ・ジャック・マルコン」は佇んでいます。あたりを見回すと、低い山々が連なり、その麓の森から目の前に群生する背の低い植物だけです。真夏以外は、いつも空に雲が垂れ込めているような土地です。

マルコン氏が妻のミシェルと共に母から小さなカフェレストランを受け継いだのは1979年。マルコン氏は身のまわりに生えていた70種類にも及ぶキノコをさまざまに工夫してレシピーを考案した結果、「キノコの魔術師」と呼ばれるユニークなポジションを取ったのです。今ではそのホテル・レストラン「オーベルジュ・デ・シーヌ」は食通の間で知らない人はいません。

1990年に一つ星、1997年に二つ星を獲得し、2004年息子のジャックを加えてサンボネ・ル・フロワ村の高台に移転し、新しい料理づくりに取りかかりました。翌年2005年には見事三つ星を獲得し現在に至ります。地元で採れるキノコ料理を極め、偉大なシェフの功績で人口220人の辺鄙な村に、毎日100人以上のゲストが来店。マルコン氏関連事業の従業員だけで100人以上ということからもわかるようにまさにマルコン村になったのです。

マーケティングの定石で考えれば「そんな辺鄙な場所にレストランなんか開業したって

誰も来やしない」となります。マーケティングの4Pの一つである場所（Place）が悪すぎる、ということは致命的なことですから。これが南フランスのエクスアンプロヴァンスやアヴィニョンなら話は別ですが、サンボネ・ル・フロアじゃ、話にならない、というわけです。

辺鄙な場所。キノコ料理がメイン。そんな常識で言えばまったく繁盛しそうにないマルコン氏のレストランは、常に世界じゅうの食通から注目されており、飛行機、電車、車を乗り継いで来訪するゲストで、おいそれとは予約が取れなくなりました。

ちなみにマルコン氏は、成功した後もパリに進出する気がなく、相変わらず当地で地道に料理をつくっています。この変わらぬ態度が、逆に彼の名前を世界にとどろきわたらせているのです。パリでは、マルコン氏が必要としている新鮮で多種多様なキノコがまわりに群生していませんし。

マルコン氏はスターシェフの仲間入りを果たしましたが、マルコン氏のレストラン以外にも、リヨン近郊には無名でも美味しいレストランが数えきれないほど営業しています。それらはガイドブックにすら載っていないものも多いですが、それぞれ特徴のある料理を提供します。世界じゅうから当地に出張したくなるのも頷けます。

広告宣伝は必ずしも必要じゃない

マルコン氏のレストランは、私たちにさまざまなことを教えてくれます。

いわゆるマーケティング４Ｐのうち場所（Place）のコンディションが著しく悪くても、もう一つのＰ（Promotion＝販促）を一切行わなくても、人づてによい噂は広がるし、自然に広まった口コミほど強く、持続性に富んでいる、ということを証明しています。

そして何よりオーナーが真面目で控えめで、上品であることが、最高の宣伝になる、ということを（ちなみに、残りの二つのＰは、Product＝商品、Price＝値段です）。

このように名所旧跡がなく、アクティビティーなどまったくない土地であっても、マルコン氏が牽引し、さらに地域で「食」のイメージができ上がってくれれば、食は繁盛するし、食と関係のない製造業やサービス業（ホテルなど）も大いに恩恵を受けるのです。地道に地域で結束してよい商品（食、宿）を提供し続けることによって、やがてその村や地域がブランドになってしまうのです。もちろんモノやサービスを値切る人も現れなくなります。

最後に大切なことをお伝えしなければなりません。

若きマルコン氏がレストランを開業したてのころ、フランス革命勃発の年（1789年）に創業した老舗磁器メーカー〝レヴォル社〟の第11代目の社長が大いにマルコン氏をサポートしたそうです。

その後レヴォル社はオリビエ・パッソー氏が第12代社長に就任すると（現社長）、今度はスターシェフになったマルコン氏がさまざまな形でパッソー氏を応援しています。マルコン氏のレストランではレヴォル社製の調理器具やお皿を使っていますし、レヴォル社のカタログにはレヴォルを使って調理をするマルコン氏の写真が掲載されています。海外の料理イベントにも、マルコン氏はレヴォルと一緒です。これは大変な宣伝効果があります。

このように非常に狭い地域で世代を超えて助け合う、という地域密着型の相互援助はフランス的ブランディングの特徴の一つです。

BRAND

産地で協力してブランディングする

地域で盛り上げる

世界各地に〝産地〟があります。やがてその地域がブランド化します。しかし、経済環境や市場環境の変化によって、何もしないで放っておくと、地域ブランドのポジショニングがどんどん低下してしまうことが少なくありません。そんな例をイタリアと日本で見てみましょう。

イタリアにはビエラ（Biella）、というミラノから2時間ぐらいの場所に高級紳士服地の産地があります。このビエラには、ロロピアナーナ（Loro Piana）、チェルッティー（Cerruti）、マンテロ（Mantero）、ラッティー（Ratti）、カルロバルベラ（Carlo Barbera）、カノニコ（Canonico）など、世界の伊達男御用達の有名生地メーカーとともに、パパ、ママ企業もたくさんあります。

ビエラ市では、「Biella The Art of Excellence」という財団を立ち上げ、ビエラ地区の産業を守ろうと2000年代初頭に動き出しました。それは「メイド・イン・イタリー＝高級品」というイメージが崩れつつあることに危機感を感じたからです。

紡毛の産地であるプラートでは、中国人がイタリアの工場を買収し、技術も製品も未熟な「メイド・イン・イタリー」を輸出するようになってしまいました。そこで世界最高峰の毛織物を生産してきたという自負のあるビエラとしては、〝メイド・イン・ビエラ〟を再ブランド化することで、他の地域と差別化し、優位性を復活させようと考えたのです。

この財団が定めた基準は、①ビエラで紡績した糸を使用していること、②ビエラで機織したもの、③ビエラで染色整理加工をしたもののうち、二つの条件を満たしていなければならない、と言うもの。川幅を狭めるのはブランディングの大原則です。

この地域が生地の聖地と呼ばれるまで有名になったのは、良質な生地づくりに必要不可欠な水源に恵まれているためでもあります。そういった地域だからこそスーツの本場イタリアのなかでも最高峰の生地ブランドが集積した地域となっているのだと想像できます。

イタリアやフランスでは生地メーカーの地位は日本より高い、という印象を受けます。その証拠にプルミエール・ビジョン（Premiere Vision）という生地の国際展示会がパリで催され、翌年のトレンドセッターとなり、ファッション業界全体をリードしています。

生地メーカーが集まっている、ということは、製品の下請け工場も近くに居を構えています。生地メーカーがトレンドを決めて発信していくことに呼応して、下請けメーカーとしてもそのトレンドをフォローしながら、有名ブランド製品の下請け工場として完成品を世界に向けて販売します。なかにはファクトリーブランドとして自社ブランドをつくっている会社もあります。

世界的評価を地方にいながらにして勝ち取る

グローバル企業がこの地を〝高級服地〟の産地としての名声を上げてくれたお陰で、小さなメーカーも大いに恩恵にあずかっています。

日本の紳士服地産地と言えば尾州です。尾州には明治時代から紳士服地メーカーが軒を連ねていますが、残念ながらビエラのような国際的な知名度を得るまでには至っていません。

さて日本で眼鏡の産地と言えば福井県の鯖江市。

私が1980年代後半から2000年にかけてパリやミラノの見本市に年に4回ほど出張していた頃、パリで催させる国際メガネ見本市（SILMO Paris）でメイド・イン・サバエ（鯖江）は輝ける地域ブランドで、メガネ業界に席がなくても、日本人としてとても誇らしいことでした。

福井県鯖江市における眼鏡枠製造は、明治38年に創始者と呼ばれる増永五左衛門が農閑期の副業として、少ない初期投資で現金収入が得られる眼鏡枠づくりに着目し、当時眼鏡づくりが盛んであった大阪や東京から職人を招き、地元の職人に製造技術を伝えたことが始まりと言われています。当初は、「帳場」と呼ばれる各職人グループごとに眼鏡がつくられていました。その帳場ごとに職人が競い、腕を磨くことで分業独立が進み、現在のような一大産地が形成されたのです。

戦後の高度経済成長のなかで眼鏡の需要も急増し、産地として大きく成長しました。製造の自動化などにより生産効率を追求するとともに、品質の向上と技術開発に力を注ぎ、その結果、80年代の終わり頃には世界で初めてチタン金属を用いたメガネフレームの製造技術の確立に成功し、鯖江＝品質＝高級、というイメージを国内外に打ち立てたのです。

ところが1万円以下という価格破壊メガネが生まれた頃から潮目が変わりました。それまでは最低でも3万円以上したメガネ。それが1万円以下どころか5000円以下の商品が市場に出回るようになると、メガネ＝高級品という概念が崩れ去ったのです。アパレルで言うところの、ユニクロやしまむら、家具のニトリの出現と同じです。

廉価版メガネの製造と言えば〝ゾフ〟（Zoff）ブランドを展開するインターメスティック、〝ジンズ〟（JINS）ブランドのジェイアイエヌ、そして〝オンデーズ〟（Owndays）のオンデーズが3巨頭です。

こうした自社製造、自社販売、いわゆるメガネのSPA企業が登場したことで、鯖江の高級メガネは大打撃を受けます。もちろん鯖江のメーカーから購入して販売していた大手メガネチェーンも売上げの大幅減衰を余儀なくされます。

メガネ小売業界最大手の三城ホールディングスは、2009年3月期には約32億円の純損失を計上。そしてメガネスーパーに至っては、2008年4月期から連続して大幅な最終赤字を計上してしまいました。

技術は利益の源泉

現在のメガネ業界の市場規模は5000億円ほどと言われています。メガネの販売本数はほぼ横ばいで推移していますが、10年前と比較して金額ベースでは、単価の下落により1000億円以上も市場が縮小したと言われています。

価格破壊は、消費者の思想を「メガネは一つだけ持つ高級品ではなく、ファッションに合わせて着替える、ファッションアイテム」へと変えました。メガネ市場はブルーオーシャンからレッドオーシャンへと変わったのです。

このような流れをつくってしまった原因はさまざま考えられますが、鯖江の製造技術が中国のメーカーに移転したことは大きいと思います。

鯖江の多くのメガネメーカーは、海外のトップブランドのOEMを生業として経営をしてきましたが、独自ブランドや独自デザインの開発とブランディングは怠ってきたと言わざるを得ません。

メイド・イン・サバエは技術の鯖江。その技術が人件費の安い中国に移転してしまえば、欧米のトップブランドがＯＥＭ発注先を中国メーカーに移行してしまうのは自明です。

よくユニクロやニトリがデフレをもたらした、と主張する人がいますが、選ぶのはあくまでも消費者であり、消費者が価値（特に情緒的な価値）を認めれば、高額なメイド・イン・ジャパンは今でも売れている、という事実を忘れてはなりません。

そこで鯖江の教訓は次の四つです。

まず、特殊な技術は門外不出とすべきです。いったん人件費の安い地域が技術を習得してしまえば、競争力がなくなってしまいます。

一方、品質だけに頼るのではなく、独自ブランドを開発し、情緒的なブランディングに力を注ぐべきです。欧米ブランドのＯＥＭに頼っているのは危険です。効率重視でドライな欧米ブランド企業は、いくら長く付き合っていても、同じ品質で安くできるメーカーに容易に移行してしまうからです。

情緒に訴え、顧客の脳裏にブランドイメージができ上がっていれば、おいそれとメイド・イン・チャイナに移行することはありません。

まとめ

会社に社長というリーダーが必要なように、地域ブランディングをする場合も、その地域のために粉骨砕身力してくれる長が必要かもしれません。それは個々の事業所や農家の異なる利害関係を調整し、地域全体の価値向上のための決断をするためです。そして、時にはオーケストラの指揮者のように、ある楽器の音が強すぎたら抑制し、弱すぎたらもっとフォルテにして、全体のハーモニーが美しく奏でられるように統率する力も求められます。

異業種間を取りまとめることは至難の技ですが、地域の相乗効果を考えて、競争力を高めることが、人口流出対策にもなります。

それには、明確な基準や規範をつくり、それを守ってもらう、つまり不便を受け入れてもらう、という皆が嫌がる仕事も引き受けてもらわなければならないのです。

第5章

地方にいても、お客に足を運ばせる

BRAND

買ってください、と営業に行くだけではなく、お客さんに来てもらう

ブランドで営業員不足を補う

私が駆け出しの頃よく部長に怒鳴られたものです。「営業は足で稼ぐもんだ！」「営業は靴の底がどれだけ減ったかで決まるんだ！」「訪問件数を明日から倍にしろ！」

そんな無茶な！　と、そのときは思いましたが、営業たるもの、運動量を増やしてお客さんとのコンタクトポイントを増やすことがいかに大切か、ということを知るのに、それほど時間はかかりませんでした。営業に関する限り、私は今でも37年前に言われたことは、真理だと信じています。

しかし当時は高度経済成長に続くバブル経済の入り口付近。動けば、動くほど売れた時

代です。しかし今日日本は完全に低成長期に入り、単に御用聞きに客先を訪問しているだけでは、おいそれと売れない時代に突入してしまいました。さらに労働基準法の適用が厳格になり、昔のように部下に残業を強いることはできません。当然の帰結として営業にも効率を求められます。

そこでブランディングです。

フランスやイタリアの中小企業を見ていると、とても不思議な気持ちにさせられることがあります。なぜ、彼らはお客さんを自分たちのオフィス、ショールーム、工場に呼ぼうとするのだろうか？　そして、なぜお客さんはわざわざ交通費と時間を使ってフランスやイタリアの、それも地方の会社まで出かけていくのだろうか？　と。

もし海外も含めたお客さんが来訪してくれたら、これほど高い営業効率はありません。しかも満足して発注までしてもらえるなら最高です。しかし彼らの多くは昔からこれを実践しています。もちろん高い広告宣伝費をかけてお客さんを誘引しているわけでもないのに、なぜ？

私の体験談をもとに、章の最後に王道のセオリーについてお話しします。

マーケティングをまったくしないフランスの小さな磁器メーカー

年に二度ほど、南フランスの小さな村サントューズ（St.Uze）を訪れていました。ここに辿り着くには、パリからＴＧＶという新幹線で2時間半南下したヴァランスという駅まで行き（フランス第二の都市リヨンの次です）、そこからさらに車を飛ばして1時間もかかります。新幹線の駅から、サントューズ村までは、見渡す限りの小麦畑と遠くに微かに森が見える典型的なフランスの田園風景が続いています。まるで何世紀もの間、時間が止まっているかのようです。

この村には、フランス革命の年、つまり１７８９年に創業した〝レヴォル〟という磁器のメーカーがあって、その工場兼会社で打ち合わせがあって定期的に訪れていたのです。そうです、「フランスの小さなレストラン」で登場した、あの会社です。

この会社は創業以来ずっと家族経営で、今の社長であるオリヴィエ・パッソー氏は第12代目の当主で、幼い頃から父親に磁器のつくり方と経営哲学について薫陶を受けた人です。

従業員は１２０人ほどいるので、決して小さな会社、というわけではありませんが、２

30年間ひたすらオーブン料理をつくるためのグラタン皿やお皿をつくり続けています。そんな会社ですから、つい最近まで雑誌やネット広告などはやっていませんでした。ところが、アラン・デュカス、レジス・マルコン、クリストフ・ルスケールをはじめとする名だたるスターシェフで、レヴォルの名前を知らない人はいないのです。

つまりニッチなんだけれども、確固たるブランドとなっているんです。だからいくら儲かっているかオリヴィエは言いませんけど、結構な利益をあげているはずです。マーケティングなどしなくても、同じような高品質の製品を200年以上にわたってつくり続けるとブランドになるのです。まさに「継続は力なり」ですね。

そう言えば工場の入り口付近に横10メートルほどの年表が掲げられています。それにはフランス革命の年から現在までのフランスの歴史と同社が歩んできた道が、歴代の社長の肖像画とともに描かれています。これを何気なく見上げながら工員が入退出している姿を見るにつけ、仕事に誇りを持つだろうなあ、と考えざるを得ません。

ところでこの会社は世界じゅうに製品を輸出していますが、お客さんがフランスまで買い付けに来るので、あまり売り込みをしなくてもいいようです。それも歴史的な建造物や観光資源などないのにです。フランスの田園風景と小さくて古い村が点在しているだけです。

ただこの地方には、フランスを代表するような星つきや無名でも美味しいレストランがいくつもあるので、食に興味のあるバイヤーはわざわざここまで出張したがります。

レヴォルの製品は、イギリスのウェジウッドやデンマークのロイヤルコペンハーゲンのように有名ではないのに、小さなコーヒーカップが4000円くらいします。これを高いと思うか、安いと思うかはこのブランドの価値を知っているか、否かによるのですが、立派なのは、絶対に値引きをしないことです。

値引きをしないどころか、毎年必ず数%ずつ値上げをしています。社長のオリヴィエ曰く、「原材料や人件費の値上がり分さ！」

「しかしそんなことをしていたら、販売個数が減るんじゃないの？」と水を向けてみても、涼しい顔をして続けます。

「うちのような小さなメーカーだからこそ、誇りを持って高い値段で売り続けなければならないんだ。値引き販売をしたら、それこそ下請け業者として足元を見られてしまうからね！　第一、腕利きの職人にちゃんとした給料を払わなければ、気持ちよく長く働いてもらえないじゃないか！」

確かにお説ごもっとも。しかしこの会社だって、OEM（他社ブランドのための下請け生産）をしているので、値段の交渉は常日頃させられているはず。しかし、値段というものは下がり始めたら止められなくなる、と彼は知っているのです。

日本は最も歴史でブランディングできる国

そのオリヴィエがある日、私にこう言いました。

「うちはファミリービジネスで230年やってきたけど、ファミリービジネスだけで200年以上続いている会社でつくる世界的な組織があって、〝エノキアン〟て言うんだ。このエノキアンのメンバーが一番多い国は、どこだと思う？」

私は咄嗟に「イタリアでしょ。そして2位がフランスかな？」と、答えたら、オリヴィエが、勝ち誇ったような顔をして、

「ダントツで日本！　桁違いに日本が世界一」と切り返してきました。

確かに調べてみると、**200年以上家族経営を続けている企業数は日本が群を抜いているんですね。**日本人が知らない日本の凄さの一端を垣間見ました。

歴史ある会社は、それだけでブランディングができます。しかし、設立間もない会社だって、ヴィジョンについて語っていただきたい。ヴィジョンは未来の会社の姿ですから、たとえば「10年後、当社このような会社になり、お客さんや社会に喜ばれる企業になっていたいのです」と言えば、お客さんの多くは経営者の目指す道が理解できます。

ヴィジョンとともに、ミッション（使命）についても、経営者が声高らかに社内外に述べることは、大切なブランディングになります。

臆せず、まずは社員に向かって、そして外に向かって謳ってください。実はミッションとヴィジョンを掲げている会社は、それを行っていない会社より、業績が高い、という統計もあります。なぜなら、どちらも一過性のものではなく、継続性が求められる、つまり過去と未来の歴史にコミットすることだからです。

ところで当地は風光明媚、というわけではありません。歴史に登場するようなお城や、壮麗なカテドラルの大伽藍もありません。でもパリから来るとなんともほっとする場所です。そしてここには日本でお馴染みのこんな会社の工場もあるんです。

ルイ・ヴィトン。この地に巨大な工場を2棟も建設し、製造能力をアップしています。しかも数年前に完成した工場は、最新のエコ機能を有し、ほとんどの電力を太陽光で賄い、

CO_2はもとより、産業廃棄物を極限まで排出しないシステムを導入しており、フランスのモデル工場となりました。そこに地元の人間を職人として採用し長い時間をかけて訓練し、雇用を創出しているのです。超高級ブランドを好まない読者もいらっしゃるでしょうが、伝統と革新が見事にバランスよく融合している企業として、まさにフランスを代表する模範生と言えるでしょう。

フランスでは会社のことを「家」を指すメゾン（Maison）と呼びますが、ルイ・ヴィトンのような世界的な大企業に成長した後も、自分たちの会社のことをメゾンと呼び、工場のことを「工房」を指すアトリエ（Atelier）と呼んで、古《いにしえ》の小さな工房でせっせと旅行鞄をつくっていた頃の精神を忘れないようにしているのかもしれません。

調理器具や食器を製造しているレヴォル社は、ルイ・ヴィトンをはじめ、近隣のワイナリー、それにレストランやホテルと経営上直接の関わりはありませんが、緩やかに協力してこの地方の価値向上を一緒に推進しているのです。

レヴォル社の工場を出ると、そこにはずっと昔からレヴォル社を見続けていたであろう大きな糸杉が一本まっすぐ天に向かって屹立しています。夕方ミーティングが終わり、扉を押して外に出ると、今日も一日ご苦労さん、と言わんばかりに、日本からの訪問者に無言の挨拶をしてくれます。たったそれだけで、またレヴォル社に来たくなるのです。

BRAND

日本の原風景をブランディングに活用する

スコットランド人の感動した田園風景

ニットウエアからスタートしたベルギーのファッションブランド「スキャパ」（SCAPA）その創立者でデザイナーのブライン・レディング氏は、商品企画の打ち合わせで年に4回ほど定期的に来日をしていました。

レディング氏と仙台市内を視察した後、山形県のとあるニット工場に車で移動中のできごとです。

突然レディング氏が大きな声で「ストップ！　ストップ！」と言うので、気分でも悪くなったのかと思い、慌てて車を県道の脇に止めると、やおら車から降り、田んぼに向かってカメラのシャッターを切り始めました。そして「Beautiful! Nice view!」と田んぼを激賞。いったい何に感動したのか、最初はまったく見当もつきませんでした。しかしよくよく彼に訊いてみると、故郷のスコットランドやイングランドには当然米どころはない。南フランスやスペインには米の産地がありますが、風景は全然違います。田んぼのなかには藁葺き屋根の農家がぽつんぽつんと建ち、カエルの大合唱。

日本の農村風景に心から感動したそうです。

そしてわがままなレディング氏が、どうしてもホテルや旅館ではなく、農家に泊まってみたい、と駄々をこねたのには閉口しましたが、結局ある農家に頼み込んで一晩だけ泊めていただけました。夜、囲炉裏端で濁酒《どぶろく》を飲みながら、語り明かしたことは忘れられない思い出になっています。

レディング氏の胸中を察するに、このような豊かな自然のなかでモノづくりをしている人たちは、自然から色のインスピレーションを受けているはずだから、きっと創造性に富んでいるだろう、と。

農業は産業であると同時に、文化の一つでもあります。イタリア、フランスがなぜクリエイティブかと問われれば、貴族や王族が芸術家を擁護し育てた、という側面と、農業国だから、と言うこともできるのではないでしょうか。農業は美しい景色をつくりますし、農閑期にモノづくりにも勤しみます。フランスのバルビゾン派が、農業を営みながら、優れた絵画を多数残したことはその証明です。

佐藤繊維のニットは何がすごいのか

さて日本各地には昔からニットの産地がありましたが、1990年代後半からアパレル企業の生産は人件費の安い東南アジア、特に中国に怒涛のように移転していきました。結果OEM（相手先ブランドの生産）事業がほとんどだった日本のニット産地に壊滅的な打撃を与えたのです。お陰でニット生産に関わるすべての工程を自社で一貫して行う産地はほとんど姿を消してしまいました。そんな状況下、今でも産地内ですべての工程をこなすことができる小規模な産地があります。それは寒河江市を中心とした山形産地です。これまでのOEM頼りのビジネスから脱却し、採算ベースに乗せるのが極めて難しいと言われている自社ブランド事業を軌道に乗せている会社があります。

その山形ニットのなかでも世界のトップデザイナーから尊敬を集めているのが〃佐藤繊維〃。

この会社が開発した超極細のモヘア糸がアメリカのオバマ大統領就任式でミシェル夫人が着用したニナ・リッチのカーディガンに採用されたことで〃佐藤繊維〃の名は世界じゅうにとどろきわたることになったのです。

かつて経営難に追い込まれていた佐藤繊維の佐藤社長は、取引先のイタリアの紡績工場を見学したとき、とても大きな衝撃を受けたそうです。それはイタリアの工場長が言った「俺たちが世界のファッションの素をつくっているんだ」という大いなる自負に対してです。そのショックが佐藤社長を鼓舞し、最高品質で最高のデザインのニットづくりに邁進させたのだと推察します。

この章で訴えたいのは、モノづくりの質や創造性ばかりではありません。日本人が住んで、会社を営んでいる場所に自信と誇りを持っていただきたい、ということもあるんです

たとえば日本の田舎には、私たちには見慣れていても、外国人を魅了する風景がありま す。特に田畑と農家、それに山岳国である日本の田舎には必ずと言ってよいほど近くに山

があります。さらに春は深緑、夏は真っ青な空、秋は紅葉、冬は冬景色と、四季折々の景観が海外から来た来訪者を驚かせ、慰めます。もちろん米どころは山形県の庄内平野のみならず、新潟、秋田、岩手では誇り高い伝統を持っています。

しかしこのような原風景は同時に大変脆弱なものなので、フランスにおける「偉大な村」のように、努力をして守っていかなければならないものであることも忘れてはなりません。景観を壊すような看板や建物は、景観条例で排除する努力も必要です。

このように魅力的な土地があるのだから、日本の地方の中小企業は、営業に出かけていくだけではなく、誇りを持って大都市や外国のお客さんを皆さんの会社や工場に遠路はるばる連れてきていただきたいのです。

もし東京で展示会を催したとしたら、あなたの会社の製品のみで勝負することになります。しかし世界に誇れる日本の原風景を味方につけ、あなたの会社の魅力を何倍にも高めることもできるのです。

さらに、本来はライバル関係にあるような地元企業が協力して海外からのミッション（使節団）やデレゲーション（代表団）をお招きして海外への売り込みの機会にする、という戦略もあります。

「近くにいいホテルがないので、大切なお客さんを連れてくることができない」というお話を伺うこともありますが、レディング氏の例に洩れず、むしろ地元の農家に滞在してもらったほうが喜ばれます。

BRAND

90年間薪ストーブと鉄製鍋をつくり続けているINVICTA(アンヴィクタ)

なぜ製造を外注してはいけないのか

この会社の製品を4年間輸入販売していたので、気心知れた仲間、と言った感じで付き合っていました。

この会社はフランス北東部にあり、パリから特急を使えば、1時間半ほどで着く距離です。アルザス＝シャンパーニュ＝アルデンヌ＝ロレーヌ地域圏に属していて、地方名をアルデンヌと言い、ベルギー南部に続いています。アルデンヌの隣がかの有名なシャンパーニュ地方で、ワインと食の産地でもあります。

食はフランス旅行の醍醐味ですが、シャンパーニュ地方で一番大きなランスという街発祥のパテやラルドン（豚肉の脂身）のサラダ、それにジャガイモのフリカッセ、豚足やシャンパーニュ風ポテ（塩漬け豚の煮込み）、トロワのアンドウイエット（内臓入りソーセージ）、アルデンヌ風イノシシ料理など、伝統的な重い料理が自慢です。

さらに灰のなかで熟成させたヤギのチーズをはじめとするＡＯＣのチーズの数々。そしてデザートとしては、ピンク色のマジパン・ビスケットなど、食通を唸らせるものが食卓を彩ります。

美味しい食事につきものなのは、もちろんシャンパーニュを中心とする地元のワインです。

ついつい話が脱線して申し訳ありません。この章は食やワインの話題ではありません。このINVICTA（フランス語でアンヴィクタと発音）社の本業は鉄製品、それも特に薪ストーブや琺瑯鍋の製造会社です。しかも自社で溶鉱炉まで所有していて、フランスで3割以上のシェアを持っている、大いなる中小企業です。

今は引退されましたが、私が取引をしていた時分の社長は3代目のジャン-ピエール・デュピール（Jean-Pierre Dupire）という、フランスではちょっとした有名人で、ドレッドヘアにサングラスといういで立ちは、ちょっと人目を惹きます。1924年にこのアルデンヌ地方の小さな村、ドンシェリー（Donchery）にデュピール社長の祖父が創業したそうです。

多くの製造工程に手づくりの部分を残しながら、日本円で約55億円の売上げを20人から49人の従業員でつくり出しています。年間17万台の薪ストーブと30万個の琺瑯鍋を100%自社内で製造しています。

この会社を見ていると、家内制手工業は経営効率が悪い、なんてとても信じられなくなってきます。

それでは、これから工場内をご案内しましょう。

工場に入るや否や、もの凄い轟音と砂塵に圧倒されます。そして熱です。鉄屑が溶鉱炉にベルトコンベアで投げ込まれると、鉄は真っ赤に燃え、ドロドロの液体になります。その溶けた鉄を砂でできた型に流し込んでいきます。なかの鉄が冷えて固まったところで（と言ってもかなり熱い状態）、人がその砂を払い落していく作業は、いかにも苦しい仕事です。ライトが足りないせいか、薄暗いので、余計そのように見えてしまいます。

それなのに、一度ブザーが鳴って昼休みになると工員たちは楽しそうに裏庭でお弁当を食べたり、キャンティーンでランチを楽しんでいます。

少々不思議に思ってデュピール社長に「皆さん厳しい肉体労働なのに、生き生きと働いているようですね」と尋ねると、こんな答えが返ってきました。

「シャンパーニュは豊かでも、このあたりはこれと言った産業もなく、失業率もいつも高いんです。ですから、私はできるだけ多くの地元民を雇用しようと考えています。製造を外注することは絶対にないし、同じ商品をつくり続けているので、職人も手が慣れやすいです。それに祖父が始めた仕事なので、途中で放り出すわけにはいかないでしょう」

薪ストーブと琺瑯鍋、という究極のローテク商品だけで成り立っている会社が、毎年十分な利益を生み続けているなんて、日本では想像もできないでしょう。

普通フランスの製造業は必ずパリにショールーム兼オフィスを持っているものなのですが、このアンヴィクタにはありません。ミーティングをする際は、いつもお客さんがアルデンヌまでわざわざ赴きます。最初は不思議に思っていたのですが、徐々に謎が解けてきました。

まずは溶鉱炉。スペクタクル性の高い溶鉱炉を間近で見る機会はそうそうありません。確かに音と砂埃には参りますが、鉄が溶かされ、真っ赤に燃え、流れていく様子は壮観です。そして屈強で無口な男たちの職場も魅力的です。

そんな工場から、車で15分も走れば、広大な領地を有するシャトーホテルのレストランで最高のランチやディナーを楽しめます。もちろんお目当ての冷えたシャンパーニュをお供に。

アンヴィクタから学ぶことは数々ありますが、まずは労賃や社会保障費が欧州でもトップクラスのフランスで操業していても、**絶対に製造を外注しない、という頑固な経営哲学**。そして土地を愛しているから、商品を買いたければわざわざ来てください、という誇り。しかし来訪してくれた客人には、シャトーホテルで最高のもてなしができる、という土地の強みも生かしています。

そしてブランディングの基本である、一意専心。どんなにITが普及しても、デジタルの時代になっても、ウルトラスローである、薪ストーブと琺瑯鍋にこだわり続ける、という姿勢。周囲の業者が転業したり、廃業するものですから、結果として残存者利益も享受できています。

ところでアンヴィクタには、フランス国内外を含めて琺瑯鍋の営業ウーマンはたった一人です。マダム・ダニエルはノートパソコン1台携えて今日も元気に飛び回っています。営業利益率の高さの秘密です。

BRAND

地域にあるもののすべてを活用する

1＋1＝3 王道のセオリー

中小企業は何も製造業に限ってはいません。また、大都会や外国人が訪ねてみたくなるような景色が周囲にあるとも限りません。もし、どうしてもそのような魅力が見つからなかった場合でも、通り道に富士山が美しく見えるレストランがあるとか、新鮮な農産物を売る道の駅があるだけでもいいんです。来訪者は道すがらが楽しくなります。

またまったく別の要件をつけ加えることにより、付加価値をつけることもできます。

たとえば私がカッシーナ・イクスシーの社長を務めていたとき、群馬県桐生市にある家具の自家工場で、地元の養鶏業者の方にお願いをして最高品質の卵を販売してもらったり、近所の農家から届けてもらう野菜を販売したりしていました。また少しキズがついてしまって、正規の値段では売れない製品もアウトレット価格で販売をしたところ、エンドユーザーだけではなく、建築家や設計者など、プロの方々も面白がって多く訪ねてくれるようになりました。

つまり工場という生産のみを担っていた部署に、「販売」という付加価値をつけたのです。

もちろん販売専属の人を雇うのではなく、ふだん工場で家具の製造を担っている人に、交代で「販売」もお願いしました。もちろん最初は嫌がりました。ところが遠方から車を飛ばしてわざわざお客さんが来るようになると、口下手な職人さんたちも、徐々に販売が面白くなり、売ることの大切さや面白さが理解できるようになったのです。

これは一石二鳥、どころか四鳥ぐらいの効果がありました
話は変わりますが、ある日アメリカ系の大手アパレルチェーンのアジア太平洋地域のマ

ネジャーが来日することになったのですが、なぜか、しきりに神戸、広島、札幌に行きたがるのです。「東京でのミーティングはいつしますか?」と尋ねても、何となくお茶を濁されて、「まあ、東京でなくても、札幌に来てくれれば話す時間は取れる」とそっけない返答。当然、東京のオフィスでミーティングを行い、東京の店舗を視察すべきなのにです。

実は彼らはすでに東京には何度もビジネスで来ていました。そこで、上記都市に出張とかこつけて訪問したくなったのです。もちろんそれらの都市は私たち日本人にとっても魅力的な都市ですし、歴史的なモニュメントも少なくありません。

この例からもおわかりいただけると思いますが、日本は観光資源に事欠かない国です。もしあなたの会社が広島や神戸の近くにあったら。北海道にあったら。と、考えれば容易に海外からのお客さんに来てもらうことがかなうわけです。

人は旅をしたいのです。お客さんだから、必ずしもこちらから出かけていかなくても、お客さんに来訪してもらい、もてなすことも、仕事では大いに必要なことです。それをすることで、営業は営業に任せておけばいいのではなく、会社全体でおもてなしをするようになるので、会社の玄関を魅力的に飾ったり、オフィス内を美しく整えるようにもなり、副次的効果も大です。

そして当のお客さんにとっても、あなたの会社がよって立つ基盤を理解することになりますし、関係性はより緊密になります。

そしてできれば、地場の異業種産業が協力して、美観を損ねる看板や建物を制限して環境の保全条例を制定していただきたいと思います。京都、高山、金沢のように。

さてここで、一つ質問をお持ちの方がいらっしゃるかもしれません。最近地方創生事業でアートを活用しているが、それはどうなのか？　と。

確かにアートを使って小さな島が世界的な観光地になった瀬戸内海の直島、ビエンナーレやトリエンナーレを催して、内外から多くの人を集めている例もメディアで取り上げられることも珍しくなくなりました。またシャッターストリートに若いアーティストにペインティングを施してもらい、それらアート作品を見ながらそぞろ歩くことが楽しくなった、という商店街も地方に出現しています。

しかし、くれぐれも気をつけてください。

アートで地域創生に成功している例がいかに少ないか？　を。

少なくとも地元の人にとって幸せにはなれなかった理由はおおよそ次のような理由によるものです。

2年に一度や3年に一度では、アートがその地域に定着することが難しい。著名なアーティストを招聘すれば、高額なギャラが発生するだけでなくイベントをコーディネイトしている人や団体への報酬、さらにさまざまな設えに思いのほか費用がかかる。ところがイベントが終わると、人は潮を引くように去ってしまいます。最悪の場合、もともと地元にあった美しい古民家や村の景観を台なしにしてしまうこともあるのです。

私はアートが大好きで、アーティストに尊敬の念を抱いていますが、アーティストのエゴによって、景色や建物など先祖伝来の遺産が壊されることのないように気をつけていただきたいのです。

大きな投資をして、突拍子もないイベントを企画するよりも、まずは皆さんがすでにお持ちの財産を、他所の人にうまくPRすることを考えてください。

明珠掌在(みょうじゅたなごころにあり)。青い鳥はご自宅の鳥篭のなかにいます。

まとめ

私たち日本人自身が見過ごしている日本の魅力がたくさんあります。それを大いに商売に利用しましょう。

たとえば日本の原風景は海外や日本人でも大都会に住んでいる人にとっては、このうえ

もなく魅力的なものです。その近郊にあなたの会社や工場があるとしたら、お客さんを連れてこない手はありません。イメージアップと経費削減の一挙両得です。

またマスコミや評論家に「衰退産業」、と言うレッテルを貼られた地場産業こそ、アイデア次第で残存者利益を享受することができるチャンスがあります。

第6章

今の人材で戦う、競争しないブランド戦略

BRAND

規模の経済を思い切って捨てる

パープルオーシャン戦略とは?

誰でも〝レッドオーシャン〟(過当競争)ではなく、〝ブルーオーシャン〟(競合他社がいない領域)で商売をしたいと願います。ところが以前はブルーオーシャンだった事業領域が、いつの間にかレッドオーシャンに変わっていて、酷い競争にさらされている会社は少なくないでしょう。だからといって、すでに何年も営んでいる事業を、そう簡単に方向転換することはできません。またおいそれと革新的な新商品が開発できるものでもありません。ましてお店を経営していたら、よほどのことがない限り移転することは難しいものです。唯一の可能性は、新しい取引先を探すことぐらいでしょう。

そこでブランディングの出番となります。ブランドによって、レッドオーシャンのなかでも生き残り、利益をあげられるように経営体質を筋肉質に変えるのです。2006年に香港の経営コンサルタントによって提唱された〃パープルオーシャン戦略〃という概念にも似ています。もちろん既存商品から派生した新商品や、新しいサービスを付加した販売方法も有効ですが、ブランディングの真骨頂が〃差別化〃ですから、最も強力な〃パープルオーシャン戦略〃はブランディングとも言えるでしょう。

さらに視点を変えて、ブランドをつくる目的を、外へ向かっての発信ではなく、社内に向かっての発信、という風にいつもとは逆に考えてみてください。しかもブランドづくりの目的を社員の幸せのために、という風に明確に定めてしまうのです。

そして会社の運営目的を、会社が大きくなるため、ではなく、毎年最終利益を出し続けることの意義、に焦点を当ててみてはいかがでしょうか。

会社経営とは会社を大きくすることであり、より多く売るためには、より多くの市場を取らなければならない、とさまざまな本や評論家が説いています。しかし、それはある程度資金力がある会社でないと実現できません。

日本市場は成熟しきっています。もちろん海外への進出はチャンスがあれば狙いたいところですが、誰でもやすやすと成功できるものでもありません。今は手堅く利益をあげ続けることに注力することこそ、規模の小さな会社経営の王道と言えるのではないでしょうか？

ここまでを納得していただけたなら、ぜひ、インナーブランディング、つまり社内に向かってのブランディングを優先して行ってください。

ここで皆さんに疑問と懸念が湧くことでしょう。

まずは疑問。社内に向かってブランディングをして、いったいどうして利益があがるのか？　その答えはこの章の最後に用意されています。そして懸念。多くの経営者にインナーブランディングのお話をすると、次のようなコメントが返ってきます。

「今いる社員は真面目で、よくやってくれていますよ。しかし彼らはブランディングの知識はなく、もちろん経験はゼロです。ですからどうしても外部から才能ある人材を入れるか、ＰＲ会社と提携するしかないのでは？」と。

ここでご理解いただきたいのは、ＰＲや広告宣伝は外に向かってのブランディングの、しかもほんの一部分でしかない、ということです。この章で申し上げたいのは、あくまでもインナーブランディング、つまり社内へのブランディングです。ですからＰＲ会社や広告代理店を雇う必要はまったくありません。

私は中小企業の場合、いたずらに外の血を入れるのではなく、まずは今いる人材でブランディングを実施することをお勧めします。その会社に尽くし、誇りを持っている社員でなんとか、ブランディングを実施することこそ最優先課題です。

インナーブランディングの意義を別の言葉で表現するなら、今いる社員への〝染み込ませ〟です。ブランディングは社員全員が〝できる〟と信じ切って、情熱を持って当たらなければできないことです。社員全員がその気になり、情熱を持てば１＋１＋１＋１＋１＝10以上の力を発揮することになるのです。これをトータルブランディングと言い換えることもできます。

社員にインナーブランディングを浸透させるには

では今いる社員にどのように〝できる〟という確信を〝染み込ませ〟ればいいのでしょうか？

居酒屋に集めて一杯やりながら？　それも悪くありませんが、まずは正攻法で行きましょう。

会社にとって一番大切なのは、ヴィジョンとミッションです。これを社員全員に腹落ちしてもらうのがインナーブランディングの礎になります。

ヴィジョンはぶれない目的地を示すものです。行く道は険しいかもしれませんが、小さな会社の場合は一本道を通って進みます。

ミッションは目的に到達するために何をし、何をしないか、を明確に定めたものです。その道を毎日歩き続けるのは誰でしょうか？　もちろん社長をはじめとした社員全員です。この当たり前の事実が、日々の仕事に追われている間に、皆さんついつい頭から離れてしまうことがあるものです。

図と言葉で表し、会社の執務室や会議室に貼り、もしイントラネットをお使いの会社であれば、コンピュータを立ち上げるたびにその言葉が現れるようにしたいものです。ただし、これは外部に向かって発信しているものではありませんから、来客がある会議室や応接室には相応しくありません。

たとえば私が以前副社長を務めていた〝住商オットー〟では、「Best in class」というヴィジョンを掲げていました。その規模の会社のなかでは、ベストになろう！　という意味で、実際規模の拡大を目指すのではなく、顧客満足と最終利益を常に経営目的として、特に顧客満足をあらゆる角度から分析し、数値化していました。顧客満足の向上こそが会社の利益を実現するものだ、という信念に基づいて仕事をしていました。

売上げ10億円、経常利益率10%達成！という風に数字をヴィジョンとして掲げている会社もありますが、それはあくまでも数値目標であり、ヴィジョンは定性的なものであるべきです。

それを実現するために、それこそ命がけでやらなければならないのが、ミッション＝使命と言うことになります。しかし人間一日８時間、週に40時間、月に１６０時間のなかで、できることの範囲は限られています。そこで「やるべきこと」と同時に「やらなくてもいいこと」と「やってはいけないこと」の三つを明確に規定しておくべきだと思います。

特に**「やらなくてもいいこと」を明確にすることで、社員の作業効率は必ず上がります。**短い時間で、より多くの仕事（設計、製造、営業、販売、マーケティング、管理）ができれば、時間当たりの効率がアップします。

会社では、次から次へと「やるべきこと」を増やす傾向があります。しかしインナーブランディングの極意は、「やらないこと」を決めてしまうことです。結果、その会社の特徴はより明確になり、外部から見てもその会社に依頼する仕事や、その会社から買うべき商品やサービスがはっきりします。

「やらないこと」を決めるのですから、今いる社員でできますし、利益があがることもご理解いただけたのではないでしょうか。

「無駄な会議はやらない」「無駄な稟議書をつくらない」は、私が多くの会社で強くお勧めしている「やらない」の代表選手です。会議時間や意味のない稟議書を3分の1にするだけで、時間当たりの効率は飛躍的にアップします。権限をうまく委譲し、重要案件のみ上層部で判断すればよいことが会社には実に多いはずです。

会社の目的地が決まっていて、最小のエネルギーでそれに向かって進む、それを社員全員がよく把握し、実行する。これがインナーブランディングです。実はインナーブランディングの隠れた効果は、社員のモチベーションアップです。自分の責任も重くなり、しかもスピーディーに物事が決定され進捗していけば、必ず社員のモチベーションは上がります。

逆説的になりますが、いくら外部（お客さん）に向けてPRや広告宣伝を行っても、設計、開発、営業、販売、管理が一つだけのヴィジョンとミッションを共有していなかったら、お客さんの心には届かず、効率的な経営にはならないのです。また社内書類の作成や会議に忙殺されていては、ライバルに案件を取られてしまいます。

BRAND

インナーブランディング新〝三種の神器〟

お金はいらない

〝三種の神器〟と言えば、天照大神から授けられたという鏡・玉・剣のことですが、ここではインナーブランディングのための、新〝三種の神器〟をご紹介します。

顧客から選ばれる営業こそ、その会社の看板、つまりブランド、ということ。

では顧客から選ばれる営業スタッフを育てるには、どうしたらいいのでしょうか？　それには、会社の出入り口に大きな姿見（鏡）を置くことです。

鏡は己の姿を忠実に映し出します。お客さんのもとに出かける前に、まずは自分の全体の姿を見て、身だしなみが整っているかをチェックすべきです。

次にニヤニヤではなく、自然な笑顔が出ているか、を確かめます。そして最後に一番大切なことですが、「気」が出ているか、を確認するのです。「気」とは体のなかから出てくる目には見えないエネルギーです。たとえば、「やる気」「元気」「本気」などです。目には見えなくても、相手は感じるものです。「気」が出ていなかったら、どんなに営業トークがスラスラできても、決してお客さんの心には刺さりません。これを最も簡単にチェックできるツールが大きな姿見なのです。

会社がそのヴィジョンやミッションをあまねく社員全員の腹に落とそうとしているのですから、営業以外の各社員も自分自身で腹に落ちているかどうかを日々確認してもらう必要があります。そのための道具が鏡、というわけです。

たかが鏡、と言うなかれ。鏡にはこんな効用もあるのです。

あるオフィスビルでのエピソードです。このビルは最新の建築ではなく、築年が30年近く経っています。したがってエレベーターのスピードが今のものよりはだいぶ遅いので、ぎりぎりに出社してきた社員たちは4基あるエレベーターの前でイライラ、ドキドキ上りのボタンの何度も押しながら待つことになります。朝ギリギリに出社してきた社員にとって、3分エレベーターを待つことは30分にも思えることでしょう。

もちろん始業時刻に余裕を持って出社してきた社員も、昼休みが終わってオフィスに戻ろうとする際、イライラするほどスローなエレベーターだったのです。

そこでビルのオーナーに、エレベーターを最新型のものに変更してほしいと依頼したところ、そのためには3000万円かかるので、当分は不可能とのそっけない回答。

この問題をたった30万円で解決した総務部員がいたのです。その解決策がおわかりですか？　答えは、エレベーターホールに大きな鏡を2枚貼りつけたのです。たったそれだけで、社員たちの朝のイライラが解消したのです。

大きな鏡を貼ると、人は必ず己の姿を見ます。それは第三者の視点で己を観察することとイコールでもあります。もし自分が眉間に皺を寄せて嫌な顔をしている姿が鏡に映っていたらどうでしょう？　もし自分がブツブツ文句を言いながら、突っ立っている姿が目に入ったらどうでしょうか？　明日から一本早い電車に乗ろう、と考えないでしょうか？

もちろん出社前に身だしなみについて、最終チェックするよい時間にもなるので、エレベーターの遅さをしばし忘れることができます。

ことほど左様に鏡の効用は皆さんの想像以上に大きいものです。

インナーブランディング効果を上げるには、社員一人ひとりが心に自問自答してもらう必要があります。もう一つ外見からなかを判断することも効用としてあります。人間は本来心身一如と言われていますから、内面や外面に現れるし、外面も内面を映し出します。

二番目は、〝ハイテーブル〟です。

普通執務テーブルは椅子とセットで座ってちょうどよい高さになっています。標準的には73センチです。人は椅子に座ることで、落ち着き、寛ぎます。勢い会議時間は当初予定より長くなりがちです。そこで立ったまま話す、ハイテーブルの出番です。高さがおおよそ100センチ強といったものです。立ったまま、コーヒーを飲みながら気軽に会議ができ、コンピュータに向かって長く仕事をしていた社員には、立つことで眠気から解放され、リフレッシュできます。しかも立ったままなので、長時間の会議には向きません。会議時間の短縮にもひと役買います。まさに一挙両得というわけです。ハイテーブルの天板は大きい必要はありません。50センチから、せいぜい70センチまでの丸型か四角で十分です。そもそも大人数の経営会議や取締役会を想定しているのではなく、ブレーンストーミング用というわけです。

デスクでのルーティン業務と雰囲気をがらっと変え、気分転換、しかも会議時間が大幅に短縮できる、スタンディングミーティングは、新しいアイデアを社員から引き出し、作業効率をアップするために、大変有効です。

しかも長時間の着座は健康にもよくない、ということは世界的に話題になっています。〝エコノミークラス症候群〟を耳にしたことがあるでしょうか？　オーストラリアの公立小学校では、立ったまま授業を行っていますし、日本の大手オフィス家具メーカーは、天板がアップダウンする機能つきオフィスデスクを発売し、売れ行き好調です。

ちょっとした工夫で社員のモチベーションを上げる

そして三番目の神器は、オフィスにグリーンをです。

人の遺伝子はおおよそ1万年単位で環境に順応すると言われています。1万年前の祖先がどんな暮らしをしていたか、想像はつきますよね。私たちは1万年前の遺伝子のまま高度なテクノロジー社会のなかで生きています。昨今はデジタルストレスにも晒されていますす。ストレスはわれわれ自身がつくり出している、と言ってても過言ではありません。

経験がありませんか？　Eメールを送り、1日返信がないだけでイライラすることが。Eメールや FAXが発明される前、そう私が仕事を始めた頃は、会社の文書は書簡として郵送していました。国内でも返信が来るのに、数日。海外だったら2週間はザラです。急ぐ場合はテレックスや電話もありましたが、何しろ国際通信は途方もなく高額だったので、いわゆる電報用の略語を使うよう上司から言明されていました。たとえば、TKSはThanks（ありがとう）、FYIは、For your information（ご参考までに）、Plsは、Please（どうぞ）、Cozは、because（なぜなら）、wは、with（一緒に）、Uは、you（あなた）といった具合です。

確かに医学や科学の進歩によって、人の寿命は飛躍的に伸びましたが、ビジネスの世界ではストレスもこの30年間で飛躍的に増大したのです。そこでオフィス環境においては、ストレスを減らすちょっとした工夫が必要となります。ストレスを減らすと、集中力は高まり、作業効率がアップする、ということは科学的に証明されています。

しかし、小さな会社にとってオフィス環境を整備することは、おいそれとはできません。そこで簡単便利な方法をご紹介します。それはオフィス内に生きたグリーンを置くことです。これは見た目ばかりの問題ではありません。ちゃんと科学的に証明されているのです。

私は千葉大学の宮崎良文先生とお会いしたことがありますが、先生は人は近くに生きた植物があるだけで、交感神経が副交感神経に変わり、リラックスすることを実験と数値で証明しています。

〃新三種の神器〃のしんがりは、生きた植物です。たったこれだけで、作業効率が上がるとしたら、会社にとって安上がりで、利益に直結する施策になると思いませんか？

顧客は営業や販売努力で一度はあなたの会社の製品やサービスを買ってくれるかもしれませんが、スタッフの対応がだめだと二度と来てはくれません。顧客は商標を買うのではなく、営業や販売スタッフを買ってくれているからです。自然な笑顔と落ち着いた電話対応、それに神経を集中して作成した企画書や見積書。そして大切なビジネスレターやメールの文章も、精神がリラックスしていなければ、よいものはできません。

われわれ生きた人間に必要なのは、自然環境を少しでも感じさせてくれる生きた植物なのです。

BRAND

最小公倍数で勝負する

獺祭はなぜ売れたのか

山口県岩国市の山のなかにある旭酒造は〝獺祭《だっさい》〟ブランドのみを製造しています。通常酒造メーカーは高額品から安いものまでさまざまなラインナップを揃えるものですが、旭酒造の戦略は特異です。

製法も、醸造アルコールなどの副原料を用いず精米歩合が50%以下の日本酒（つまり純米大吟醸酒）のみをつくっているのが特徴です。いわゆる普通酒をつくらないという、酒造メーカーとしては大変リスクの高い経営です。しかも1990年代末に経営難に陥った際、酒造りに欠かせないと言われている杜氏に逃げられてしまい、社員だけでデータ収集から始まり、研究を重ねて、杜氏なしでも最高級品質の酒を安定的に製造できるようにしたそうです。

販売戦略も、地元への販売ではなく、いきなり東京や海外へ売ることを目指しました。つまり普通の酒造メーカーの経営の反対へ反対へ突っ走っていったのです。結果、ニューヨークや食通の街パリで高く評価され、今ではパリの一流レストランのソムリエが勧めるようになりました。２０１４年４月に来日したアメリカのバラク・オバマ大統領に安倍晋三首相がプレゼントしたのも、この獺祭。つまり誰にでも売れるような最大公約数的な商品を開発せず、通常の販売ルートにも縛られず、さらに顧客を思い切り絞り込んだために、逆にあまねく知られるようになったのです。

誰にでも売れる商品やサービスは、誰にも売れません。**製品数と顧客を絞り込むことは、ブランディングの極意**と言っても過言ではありません。もちろんユニクロ、資生堂、コカ・コーラのような超大手企業であれば、何万人という従業員に給与を払わなければならず、当然広くマーケットシェアを取りにいくわけですが、中小企業では、**売りたい顧客を絞り込み、それに相応しい少品種で勝負すること**が、成功への道です。

これはＯＥＭを事業の中心としている会社でも同じように当てはまります。

器用になんでも下請けしてつくれる会社ではなく、「うちが得意なのはこの分野なので、これ以外は引き受けません」、くらいの気概で経営をしたほうが値引き競争からは逃げられます。

別の側面から見ると、小さな会社にはトゲが必要です。トゲが抜けると同質化してしまうからです。同質化したら最後、価格だけで勝負することになり、規模の原理で有利な大手企業に駆逐されてしまいます。

先ほども触れたように、市場は〝レッドオーシャン〟になっても、トゲを持ち続けることで、〝パープルオーシャン〟で利益を上げ続けることができます。

日本酒の国内出荷量は、１９９８年に１１３・３万キロリットルあったのに、２０１５年には半分以下の５５・３万キロリットルまで減ってしまいました。それは消費者の嗜好の変化や、若い年齢層のアルコール離れなど複合的な理由によるものですが、その数字だけを見れば日本酒は衰退産業です。しかし輸出に活路を見出し、海外での成功を梃子に国内での出荷額も伸ばしている、前出の旭酒造のような会社もあるのです。

そのような会社は本書でも随所でご紹介してきました。

いたずらに得意分野から不得意分野に転身したり、新商品を増やしたり、新サービスを加えたりするのではなく、かつてうまくいっていた得意分野に、新しいアイデアを加えるだけで、顧客の心に響き、売上げをアップすることもできます。

大切なことは、トゲがブランディングに直結している、ということです。バラの花束を持つとトゲが手に刺さったり、衣服に引っかかるように、あなたの製品やサービスがお客さんの脳裏に引っかかり心に刺さるためには、トゲを生やした状態にすべきなのです。

そのトゲとは、あるときは他とは違う製法、あるときは味、外見、仕様、少ない生産量や商品点数、短い営業時間、長いリードタイム（生産時間）、競合ブランドの倍の値段、通常の販売ルートでは買えない、そして値引きをしないOEM、変わった社長、特徴のある営業マン等、いくらでも考えられます。

1982年に東京の白金にオープンしたチョコレート店（ショコラティエ）〝エリカ〟は、自店で製造販売を行い、他店へは一切卸していません。それだけはなく、毎年チョコレートづくりには適さない8月は丸々一月間休んでしまいます。そのこだわりこそ、長くファンが不便な場所までわざわざ通い続けている理由でしょう。

小さくとも尖り続けていくことで、時間とともに自然にブランドになっていくのです。

BRAND

価格競争から徹底的に「逃げる」

価格イメージは容易には変えられない

どの経営者だって好き好んで値下げをしているわけではありません。値下げをしなければ、お客さんに買ってもらえない。値下げをしなければ残った在庫を減らすことができない。値下げをしなければ、資金繰りが回らなくなってしまう、といった、止むに止まれぬ事情によって値下げをするのです。

かのユニクロですら、安い価格イメージからの脱却を目指して２０１３年、14年と2年連続して商品定価を値上げしたところ、多くの顧客を失い２０１５年度には国内の売上げが大幅に鈍化してしまいました。そこで２０１６年には離れた客を取り戻すために、値下げに踏み切りました。苦渋の選択でしょう。実際柳井会長兼社長は2016年10月13日に、2020年に連結売上高5兆円達成、という目標を3兆円に下方修正した、と発表しています。それほど、一度消費者の頭のなかに染み込んだ〝価格〟イメージを変えることは困難なのです。

2000年代初頭に、マクドナルドハンバーガーの価格は130円でしたが、平日半額キャンペーンが打たれていました。そのため、ハンバーガーは65円で食べられたのです。2002年にこのキャンペーンは終了し、ハンバーガーの価格は曜日に関係なく、80円となりました。それでも現在に比べれば安いです。しかし、当時の消費者にとっては65円で食べられたものが80円に値上がりしたという印象を与えてしまい、入店客数は激減。

そこでマクドナルドはハンバーガーの再値下げに踏み切ります。その価格はなんと59円。客足は一気に戻りましたが、結局会社は大幅赤字に陥り、さらにマックは安い、というイメージを払拭できなくなってしまったのです。

バーゲンセールの際に販促目的で短期間だけ値下げすることは、在庫圧縮という観点から理にかなっていますが、全商品の値下げ戦略は大変危険です。特に中小企業の場合売上げの分母が小さいのですから、ちょっとした値下げで営業利益は激減してしまいます。

たとえばある小売店が、1個1万円定価の商品を100個売って100万円の売上げ、その10%にあたる10万円の「営業利益」をあげようと計画していたとします。会社にとって大切なのは、売上げではなく「営業利益」です。

このお店にとって定価1万円の商品の変動費が7000円とします（変動費とは、仕入れ原価や販売手数料などです）。また1万円定価の商品当たりの固定費（家賃、人件費、減価償却費など）を仮に2000円とします。

計算上はこうなります。1万円－7000円（変動費）＝3000円（限界利益）。3000円（限界利益）－2000円（固定費）＝1000円×100個＝10万円（営業利益）。

ところが1万円の商品やサービスを10%値下げするとどうなるでしょう。

もし変動費が同じだとすると（固定費は変わりません）、9000円－7000円（変動費）－2000円（固定費）＝0円となり、「営業利益」が出ないことになってしまいます。

当たり前のことですが、値下げを実施する場合は、より多く売らなければ「営業利益」は残りません。

もともと計画していた10万円の「営業利益」を出そうとすると、9000円－7000円（変動費）＝2000円（限界利益）×150個＝30万円。2000円（固定費）×100

0個＝20万円。30万円（限界利益）－20万円（固定費）＝10万円（営業利益）となります。

ですから、たった10％値下げしただけでも変動費が変わらなかった場合、計画していた100個より5割も多い150個売らなければ、もともと計画していた営業利益があげられなくなってしまうのです。

さまざまな理由で値下げをせざるを得なくなる可能性のある場合は、あらかじめ仕入れコストや物流費などの変動費を安く抑えておくか、5割多く売る手立てや販路を確保しておかないと、たちまち営業赤字に陥ってしまう可能性があるのです。

そこで小さな会社の経営者の方には、値下げから徹底的に逃げる戦略をお勧めします。

では値下げをせずに商品やサービスを売るにはどうしたらよいのでしょうか？

まず営業や販売が販売力を磨く。『当たり前じゃないか！　すでにやっているよ！』という声が聞こえてきそうですが、はたして本当にそうでしょうか？

営業進捗状況を把握する際、売上げだけで見てはいないでしょうか？　少なくとも「粗利」目標を設定し、粗利目標の進捗状況で把握するようにしていますか？

また営業活動において量はもちろん大切です。訪問件数や商談件数が少なければ、それだけ受注や成約の確率が減ると考えられますから。しかし質はそれ以上に大切なことは論を待ちません。訪問件数分の受注率や成約率を上げる施策を部下と一緒に考え、営業管理表のなかに、訪問日、企画書や提案書の内容、先方の見解等を簡単に書面に残すようにして、上司部下が一緒にＰＤＣＡ（Plan-Do-Check-Act）を回していくことで、受注率はアップするものです。ＰＤＣＡは何も生産効率や品質改善のためだけにあるわけではなく、営業や販売にも必要な要件です。たとえば小売店であれば、入店客数を分母として、接客数の率をアップする。接客数を分母として買い上げ率をアップする、といった分析と、販売スタッフに対する数値管理の指導は必要です。

また値下げをしない前提なので、一人のお客さんの買い上げ単価アップを目指してもらいたいのです。それには買い上げ点数アップが最も有効なので、一人のお客さんが一点買ってくれたら、もう一点追加で勧めるべきです（アップセル）。次に価格を下げる代わりに、他のサービスを付加し、お客さんに「お得感」を感じてもらうことも大切です。たとえば小売店であれば、値下げの代わりに「ノベルティー」と称したちょっとしたオマケをプレゼントすることで、お客さんのストアロイヤルティが高まります。

もちろん販売の場合、販売スタッフの販売スキルを上げる努力は常に怠ってはいけません。これは本書のテーマではないので大きく紙面を取ることはしませんが、販売力とは、お客さんの課題や困ったことをうまく聞き出す力とイコールです。買う気で来店しているお客さんの場合は商品説明から入っても大丈夫ですが、ふらっと来店したお客さんの場合に、いきなり商品説明をしても、けむたがれてしまい、結局逃げられてしまいます。

それよりも、お客さんが何か困っていること、満足できていないこと、こうなったらいいなあ、と希望しているような課題をうまく聞き出すことができれば、買い上げ率は飛躍的に上がります。そのためには、質問力がものを言います。俗に言われる魔法の質問を会得してしまえば、販売力が上がります。販売力が上がり始めると、販売という仕事自体が面白くなり、ますます売れるようになる、という好循環になります。

価格を下げる代わりに、希少性を打ち出すことも有効です。たとえば限定商品の打ち出し、他製品との組み合わせ販売、もっと進めて他社製品とのクロスセールスなど、知恵を絞って値下げではないサービスで勝負します。

中上級編としては、価格を下げる代わりに、企画力を磨く、というのもあります。たとえば商品スペックを売るのではなく、その先にある顧客ベネフィットを売るのです。また店舗の陳列を毎週更新することで、入店を誘引し、入店したお客さんをワクワクした気持ちにさせる。金融商品ならば、金利だけではなく（そもそもゼロ金利状態）、お客さんの将来の安心、住宅販売の場合は、お客さんと家族のライフスタイルの提案を行うなど、魅力的な企画提案は無数にあります。

およそすべての商売でお客さんが最も大切であることは疑いの余地がありません。しかし中小企業の場合、すべてのお客さんの要望に応えることは絶対に不可能です。

そこで逆説的ですが、顧客を意識しすぎない商品開発やサービスを提供することを検討してみてください。

仮にある会社の顧客が50社あったとします。50社すべてに対して100％満足してもらおうとすれば、極端な場合50通りの商品やサービスを用意しなければなりません。

しかし、前述したように、「当社はこれだけ」と割り切ってしまえば、結果的にライバルと競争するのではなく、ユニークな存在になれます。

ところで本章をお読みになって、「これって営業販売戦略の話であって、ブランディングじゃありませんよね？」という疑問が湧くのではないでしょうか？

繰り返しになりますが、ブランディングの本質は「一意専心」です。「当社は値引きをしません」という企業方針は、それだけで立派な企業ブランディングになると思います。

大企業ですら一度下げた価格を上げるのは至難の技なのですから、まして中小企業の場合は、よほどのことがない限り値下げをしないで、適正粗利を確保し続けることで、経営を成り立たせる努力をしていただきたいです。これは企業側の都合のように見えても、実は外部から見たときに、企業方針がしっかりしている会社と見られます。

そのためには質の高いサービス（営業や販売）や少品種でもよい製品がなければ顧客満足は得られません。

最終的に会社に毎年利益が残ることが、規模の小さな会社にとって、そこで働く従業員にとって何より大切なことなのです。値下げはしない。でも安定した経営を続けている会社、という評判。これが中小企業の理想形ではないでしょうか。

まとめ

小さな工夫の積み重ねによって、現業のままでも、現在いる社員のままでも、レッドオーシャンをパープルオーシャンに変え、値引きをせずにモノやサービスを売ることができるようになります。

第7章

お金をかけなくてもブランドはつくれる

BRAND

広告宣伝にお金をかけない

スピードと身軽さこそ、中小企業の強み

「切り口」が一つで、「何をやらないか?」が決まっていて、大企業に比べて、売り先や顧客の数が少ない中小企業ですから、意思決定ははるかに速くできます。

これを先ほど述べたように、インナーブランディングによって〃行き先〃と〃通る道〃があまねく社員全員の腹に落とせていれば。従業員1000人以上の企業より10倍速く行動を起こすことができます。日本の大企業、特に上場企業では意思決定のプロセスが複雑で、延々と会議を行ったり、稟議書にハンコを10個以上もつけているという景色が普通です。一方中小企業では社長決裁でさっさと行動に移すことが可能です。タイム・イズ・マ

ネー！　意思決定にかかる時間もお金ですから、迅速な決断ができる中小企業の優位さは際立っています。

小兵の相撲取りが、自分の倍もあろうかと思しき巨漢力士を土俵を目一杯動き回り、しまいには投げ飛ばしてしまうのと同じです。

また中小企業は大企業に比べて間接部門が小さいので、社員が同じ方向で仕事をし始めると、営業利益に即反映する、という特性を持っています。

そのためには、なおさら無駄な経費を使わずに、販管費を低く抑えるのがコツです。大企業の場合は、何千万円、時には何億円も広告宣伝費をかけますから、短期間に売上げ（トップライン）が上がるかもしれませんが、広告宣伝費、仕入れ代金、保管料、物流費等の変動費も嵩みますから、最終的に営業利益がアップするのに結構な時間を要してしまいます。

しかし中小企業の場合、少ない経費で、自社が狙ったお客さんに、少ない商品点数を売ることができれば、営業利益が出やすい構造になっているはずです。ですから身の丈に合わない投資は中小企業がメタボになり、動脈硬化を招きます。経費のコントロールは経営者の腕の見せどころです。

もちろん、ここぞ、というときに経営資源を集中的に投下する判断も、経営者でなければできないことです。攻めと守り。緩急が経営の技です。中小企業の場合、攻め（やる）も守り（やらない）もどちらも会社の製品やサービスの「切り口」を可視化するので、ブランディングは、大企業に比べて何倍も速く達成できるのです。

ですから中小企業が大企業から反面教師で学んでいただきたいのは、総花的に、儲かりそうなものには何でも手を出す、という経営をしないことです。売上げ規模数千億円の会社ですら、これをやったがために、巨額赤字に陥ったわけですから。

そして、一にも、二にもスピードです。

小さな会社流アウターブランディングのススメ

インナーブランディングの次は、いよいよ外への発信です。

TV、ラジオ、新聞、雑誌、展示会、イベント、インターネット。全国規模で商品やサービスの知名度を上げたいのなら、当然のことながら資金が潤沢に使える大企業にかなうわけはありません。しかし今日、企業は安価な方法で自社の経営哲学やヴィジョン、そして取扱商品やサービスについて広く発信をすることができるようになりました。

中小企業の多くはローカルベースです。売りたいお客さんにリーチがかかるようにブランディングしていくべきです。その際最も有効なものは、昔も今も〃口コミ〃です。それがエンドユーザー（B2C）であっても（Business to Consumer）、企業（B2B）であっても（Business to Business）、特定の地域の、特定の人たちの間で評判になれば、それが会社に利益をもたらします。多額の広告宣伝費をかける必要はありません。

もし資金に余裕ができたら、老婆心ながら賞与や決算奨励金という形で社員に還元することによりモチベーションアップを検討してみてはいかがでしょうか？　社員を意味なく甘やかす必要はありませんが、中小企業にとって人こそ最も大切な資産なので、資金が外部に流出するくらいなら、社員に還元するほうが会社への利益還元率が高いと思います。

ここで口コミの話に戻りましょう。

会社のフロントラインにいる人たち（営業、販売）が口コミを起こす役割を担っていることを認識させてください。そして社長こそが広告塔になって、日頃からフェイスブック、ツイッター、ブログ等で自社の製品やサービスについて語り続けていただきたい。今日では社長こそＰＲの先頭に立たなければなりませんし、ＳＮＳ等で発信し続けなければなりません。

その際コンプライアンス（法令遵守）は最低限当然のこととして、言葉のセンスに触れないわけにはいきません。

さてセンスのよい言葉とは、どんなものでしょうか？

まずは極力否定的な表現を避け、肯定的な表現に終始することです。

たとえば、新製品を発売するとき、前の製品が劣っていたようには絶対言わない。メニューを減らすとき、好評だったこのメニューに集中し、さらに改良を加えた。たとえ社員をリストラしたとしても、少数精鋭にして筋肉質な経営にした、と言います。

そしてSNSではすっきりとした表現に終始してください。

たとえば「したいと思います」は「行います」。「よかったと思います」は「よかったです」。「ご提案させていただきたく存じます」は「提案いたします」。「お届けさせていただきたいと思います」は「お届けいたします」のように。

SNSであなたのメッセージを顧客や潜在顧客が見る時間は数秒です。何が言いたいのか？　を、なるべくシンプルにまとめることが大切です。

逆に声に出す場合は、ゆっくりと落ち着いて話すことが基本中の基本です。これが特に滑舌に自信のない社長の発声を助けます。それから選挙の候補者の宣伝カーではないので、同じ表現を連呼するのは絶対に避けたいところです。「何々を、どうぞ、どうか、よろしく、よろしくお願いいたします」的な。

どうしても同じことを繰り返したいときは、少なくとも表現を変えてください。たとえば「新製品」を「このたび新しく発売した」へ。「今までになかった」を「当社初の」へ。「お買い求めください」を「一度お試しください」へ。

口コミ効果は今だからこそバカにできない

ところで都市部で会社勤めの人が一日にいったいいくつの広告に触れているか想像できますか？　朝起きてTVやラジオをつけると、民放は当然、NHKだって自社のイベントや番組の広告を流します。郵便受けから新聞を取り出すと、必ずと言っていいほどチラシが織り込まれています。駅に向かう間にも次々と電信柱や看板が目に飛び込んできます。駅のキオスクには、雑誌の宣伝が。ホームに立つと線路の反対側には大きな駅貼りポスターや電飾が。電車のなかで新聞を開くと、すべてのページに何らかの広告掲載です。スマホのスイッチを入れ、ブラウザーを覗くとバナー広告やリスティング広告が流れている。もちろん電車やバスの中吊り広告。大都市ではドアの上のモニターにまで動画が。車で通勤をしていると、道の両側に次々に広告が流れていく。

なんと私たちは毎日平均3000もの広告に触れるそうです。こうなると、広告に対して無頓着になるのは当然です。企業にとってショッキングなのは、この3000の広告のうち、私たちの頭のなかに記憶として残っている確率がたったの0・3%という統計です。つまり3000分の9。さらに人間の記憶は4時間で3分の2は忘れると言いますから、この九つの広告ですら、4時間後には三つしか残っていない計算になります。ですから翌日の朝には、綺麗さっぱりと……。ということにもなりかねません。

脳科学者の著書にも、そもそも人間の脳はものを忘れるようにセッティングされている、と書かれているのですから。

では、私たちはお客さんの頭のなかに、どのようにして自社や自店を記憶として残してもらえばいいのでしょうか？　なぜならブランドとは、記憶の一種だからです。ふだんの生活で意識をしていなくても、その会社のロゴや、営業マンの名刺を見たとき、あるいはそのお店の看板を見たときに、その会社やサービスを思い起こすことさえできれば、ブランドとして成り立っています。

お客さんの頭のなかに記憶として残してもらう方策の一つは、ターゲットとしているお客さんに影響を与えそうな人に語ってもらうことです。この影響を与えそうな人のことを〝インフルエンサー〟と言います。会社が自分で語れば広告宣伝になりますが、第三者が語れば、口コミとなります。

ところでホームページをつくったのに、訪問者が増えず悩んでいる経営者も少なくないでしょう。訪問者がいなければ問い合わせや見積依頼にも至りませんから。

大企業は大金を投じてグーグルやヤフーなどの検索エンジンで自社のサイトが上位に掲示されるようにさまざまな施策を行っています。ですから資金力のない小さな会社のサイトにアクセスする人を増やすことはとても困難でした。

ところが最近ではグーグルが〝ペンギン・アップデート〟を導入し、質の低いリンクがあるサイトやスパム行為やガイドラインに違反しているＷｅｂページの順位を下げたり、逆にネットユーザーに有用な情報と思われるものの順位を上げることもできるようになりました。

最後にブランディングの心臓について。

誤解を恐れずに言えば、お客さんをランク分けして、一種の差別をすることが必要です。ブランディングが差別化だとすれば、売り手がお客さんを差別することを恐れてはいけません。

金融機関やクレジット会社が発行するクレジットカード。普通の色から、ゴールド、プラチナ、ブラックなど、年会費や使用金額によってはっきりと自分のランクが認識できます。また航空会社のマイレッジサービスを思い出してください。フライトの距離に対して付与されるマイレッジごとに提供されるサービスが違っています。百貨店でも〝外商顧客〟はすべてにおいて特別扱いされます。普通の飲食店でも、常連客と一見客を差別しますよね。

だとすれば、あなたの会社や商品にポジティブな影響を与えてくれそうな人を厚遇し、大いに他の人に〝口コミ〟を起こしてもらいましょう。

京都の老舗旅館や料亭がなぜその威光を保っているか？　それは常連客と一見客を明確に〝差別〟しているからです。もちろん銀座のバーだって、中小企業に他なりません。

皆さんの会社やお店が他社、いえ他者から差別化されたければ、お客さんも差別化しましょう。もちろん失礼のないように。大きな市場を取ることを至上命題としている大企業、特に上場企業よりも小さな会社のほうが断然有利です。

BRAND

経費削減がブランディングになる

在宅勤務を積極的に導入する

在宅勤務の制度を導入している企業は、従業員5000人以上の大手ではすでに40％に達していますが、従業員100人以上の会社ではいまだ9％しか制度そのものがないそうです。さらに制度があって、育児や介護の必要性があっても利用する従業員は非常に限られているのが現実です。

これは農耕民族である日本人独特の精神風土が原因だと思いますが、片道1時間以上も満員電車に揺られて出勤するより、自宅で仕事に集中できる環境さえあれば、業務効率は格段に上がる、ということは各種調査でも明らかにされています。

新規に社員を採用することに苦労しない大企業ならいざ知らず、そもそも採用に苦労している中小企業なら、在宅勤務（テレワーキング）をぜひとも検討していただきたいです。

最近はロボットを使って遠隔地から小売店の接客販売までできるようになりましたが、まずは事務職や営業から試してみましょう。

日本では在宅勤務は、育児や介護を必要としている人だけが活用すべき、という先入観があるようですが、通勤に時間がかかる人や、社内環境があまり芳しくなく、仕事に集中できないような人にも、うってつけの働き方だと思います。

日本は世界一ブロードバンド通信網が発達している国なので、パソコン1台貸与すれば、誰でもスタートできます。

「当社はテレワークシステムを導入しています」のひと言は、あなたの会社を宣伝するのに、大変有効なツールになると思います。

それを見た求職者は、『一歩先を行っている会社』『社員を大切にする会社』『オープンマインドな会社』『柔軟な発想の経営者』と、ポジティブな印象を持つに違いありません。

在宅勤務による経費削減効果は以下のようなものです。

まずは仕事に集中することによる、時間当たりの効率アップ。会社にいると、報告書の作成や新しい企画書の作成に集中することが難しい場合が多いです。また仕事中でもお喋り好きな社員も少なからずいるものです。静かで落ち着ける環境下で業務を行えばより短い時間で、内容の濃いものができるはずです。

そして、運用をうまく行えば、事務所維持費が削減できます。

たとえばフリーアドレステーブル（仕切りのない大きなデスク）を用意します。社員一人ひとりにキャスターのついた引き出し家具を貸与します。そのなかには自分の仕事に必要な書類が入っているわけですが、たとえば従業員が10名の会社だったら、10名分のデスクを購入（あるいはリース）しなくても、6〜8名ぐらいが座れるフリーアドレステーブルさえオフィスの真ん中にあれば、十分なワーキングスペースが確保できます。

10名のうち何人かは出社していないので、出社している社員にとってはむしろゆったりとしたスペースで仕事ができるわけです。つまり少ない事務所スペースで足りるわけで、固定費の中心、家賃の節減になります。

また最近は通信費ゼロのスカイプがありますから、必要に応じて顔を見ながら〝ホウレンソウ〟（報告・連絡・相談）＋指示出しも容易にできます。労使双方の心配事である、

〝コミュニケーション〟も完全ではないにしろ維持できます。

さらにダラダラ残業を減らすことが期待されます。

残業手当は小さな会社にとって大きな負担です。いくら〝ノー残業デー〟を設けても、8時になったら消灯しても、中小企業で働く社員は、長時間労働に陥りやすい。業務上必要な場合は別として、もし、上司や同僚が居残って仕事をしているのに、部下である自分が先に帰宅するわけにはいかない、という精神的な理由でダラダラ残業が慣習化しているのなら、在宅勤務はその流れに〝待った〟をかけられます。

必要な業務をその人が持てる最高のパフォーマンスで、しかも最短で仕上げる、というプロとして当然の原点に立ち返るきっかけになるかもしれません。

以上は会社にとっての経費削減効果ですが、社員側から見ても、同僚、上司、部下との飲み会の回数が減ることによる、経費削減効果もあります。もちろん孤独感を感じる社員にテレワークを強要はできませんし、金曜の夜に同僚と居酒屋で一杯、もサラリーマンの大きな楽しみですから、全日テレワークにする必要はまったくありません。育児や介護がない人だったら、週1〜3日くらいの在宅勤務がちょうどいいかもしれませんね。

さまざまな理由で毎日所定の就業時間に則して働けない、あるいは働きたくない、しかし会社の戦力になるような人をみすみす逃していたら、小さな会社にとって大きな損失です。実際の運用については、ルールを設定して、社員に守ってもらわなければなりませんが、経費削減ができ、さらに会社のイメージアップに資する在宅勤務こそ、ぜひ検討していただきたいシステムです。

過剰サービスを普通のサービスに戻す

「高橋はしつこく経費削減の話をするが、うちは無駄な経費は一切使っていない。これ以上、どうやって経費削減しろと言うのか？　さらにブランディングなんて到底できない！」と、おっしゃる向きもあろうかと思います。

でも私はかねがね経費削減がブランディングになると信じています。

私が今まで輸入販売してきた製品は、主に百貨店ルートで販売してきました。たとえばドイツの調理器具を例に取ってお話をしましょう。

ステンレスの鍋は、ビニールにくるまれ、エアパッキンで動かないように固定されて化粧箱（ブランドのロゴが入った箱）に入っています。ドイツから出荷するときは、その化粧箱をさらにカートンに入れるのですが、どうしても輸送途中でこの化粧箱に小さなキズがつくことがあります。中身のステンレス鍋が無傷であっても、化粧箱にちょっとしたキズがついているだけで、不良品として返品されてくることが多々あります。これは、お客さんがクレームしているのではなく、小売店がお客さんの気持ちを過大に斟酌して過敏になり、ちょっとした化粧箱のキズでも不良品とみなしてしまうのです。

返品されれば、戻された商品をすべて検品し、新しい化粧箱に入れ直して、再度伝票を切り直して出荷する必要があります。その間の運送料、倉庫内作業費、新しい化粧箱代は、すべて出荷元、つまり私の会社が負担しなければなりません。まして、検品途中で万が一鍋本体に傷がつこうものなら、商品の価格を下げて、アウトレットモールやバーゲンセールの際に値下げして販売するしかありません。そうなれば、当然会社の利益は減ってしまいます。

そこで、会社は自己防衛のために、製品の小売価格をあらかじめ上げるか、そのまま損失として負担するしかありません。どちらも健康的な解決策とは言い難いです。

このような無駄は、メーカーや卸売業者、それに販売店とお客さんが状況を理解し合って、少しずつ許容範囲を広げていきさえすれば、解決できることです。

在庫やサービスは最小限に

ところで加工食品に定められている賞味期限は、おいしく食べられる目安であり、多少期限を過ぎても安全に支障はありません。にもかかわらず、賞味期限が長く残っているのに出荷できなかったり、返品されたりするケースは少なくありません。

加工食品には〝3分の1ルール〟と呼ばれる商慣習があります。メーカーや卸問屋が小売店へ納品できるのは賞味期限の最初の3分の1までとするルール。

小売店は在庫を最小限に抑える一方、メーカーや卸は、小売りへの欠品が許されないという意識から、在庫を多めに持たなければなりません。3分の1ルールの納品期限を越えると小売店には出荷できないため、卸問屋からメーカーへ返品されます。その金額はなんと1139億円に上ります（2010年）。

日本だけで毎年廃棄される食品の量は、約500万〜800万トンにも上り、世界全体の年間食料援助量の約2倍に当たります。家庭での食べ残しもありますが、流通段階での廃棄が約半分を占めている、とのこと。

中小企業が稼ぐ力を取り戻すためには、製造業者や卸売業者が協力して、お客さんに対する啓蒙活動を地道に行う必要もあるのです。唯々諾々として商品を廃棄している会社より、最初はお客さん側に多少の抵抗感はあったとしても、会社の姿勢が支持に変わる日も遠くないと思います。

さらに簡易包装にも理解してもらえば、より安い値段で商品を消費者に届けることができます。

このような取り組みをしている会社は、〝いい会社〟として評価してもらえるようになるはずです。これが実現できれば、一石二鳥以上の効果になります。

それは小売店やレストランやホテルなどの、サービス業にも当てはまります。

ホテルにチェックインした途端に、おしぼりやウエルカムドリンクを出してくれるホテルが増えてきたようですが、お手洗いに行ったばかりかもしれませんし、まったく喉が渇いていないかもしれません。そもそも、そのドリンクの味が好みではないかもしれません。

そしてホテルでの朝のビュッフェ。いったい何種類のお料理が並んでいることやら！ さまざまなお客さんの好みを考慮すれば、結果としてそうなってしまうのかもしれませんが、たとえば種類を減らして、一品一品の味つけに工夫を凝らし、そもそも薄味に調理し、お客さんの好みで調味料を加えてもらうような改善で、経費はだいぶ抑えられると思います。

オーバースペックを是正する

私は現在販売されているスマホに備わっている機能のおそらく20分の1くらいしか使っていないような気がします。それは電気製品、車、などあらゆる工業製品に当てはまるかもしれません。それら機能（スペック）を下げて、もっと安く販売できないものか？　とつくづく思います。

専門家に伺うとアップル製品より、日本メーカーの製品のほうが機能やスペックが上であることが少なくないそうです。しかしアップルは圧倒的に強い。それはコンセプトから始まり、パッケージ、機械と人のインターフェース、店の内装や店員の制服に至るまで、消費者の情緒に強く訴えるようにデザインされているからです。

どこにも負けない品質で、たくさんの機能がついていれば必ず売れる、という時代が終わり、人の琴線に触れるコンセプトワークに重点を置く時代になったのです。

1980年に西友のプライベートブランドとして始まった「無印良品」の初期のキャッチフレーズを覚えていらっしゃいますか？　「わけあって、安い」です。包装や商品のデザインを極限まで簡素化し、品質がいい製品を安く提供している、ということをアピールしていたのです。それが今ではすっかりブランドとなってしまいました。

1980年代と言えばバブル経済真っ盛りです。株価や地価は上がり続け、サラリーマンの給与も右肩上がり。そんな狂乱物価にあっても、日本人は無駄を省いた「無印良品」を大いに支持したのです。

先行き不透明な今、企業はオーバースペックを見直し、よりシンプルでわかりやすい製品にスイッチしていくべきでしょう。

BRAND

古びないローテクなものを大切にする

なぜアナログが復活しているのか

日々刻々と変化する製品やサービスより、変わらない製品やサービスが中小企業の経営を支えます。

中小企業のなかには、ＩＴヴェンチャー企業や最先端の研究をしている会社も数多くあります。社会にイノベーションを起こすべく研究開発を続けている若き会社には期待大です。

一方、昔からある製品を頑なにつくり、販売し続けているローテクでアナロジックな会社が日本の小さな会社の主流派のように見受けられます。実は、このローテク、アナログこれこそが、現代社会のトレンドにピッタリとハマっています。

ファーストライフからスローライフへ。ファーストフードからスローフードへ。ハイテクからハイタッチ（ロータッチではありません）へ。ハイタッチとは、よりヒューマンなタッチポイントを求めるものです。たとえばこだわりの逸品。伝統工芸品。手工業品など、大きな工場で大量生産された工業製品より、職人が一点一点手づくりした製品に魅力を感じます。

調理器具で言えば、ステンレス製の鍋は軽くて丈夫ですが、鋳物琺瑯鍋がブームです。鋳物琺瑯の鍋は、重量があるので、扱いにくいです。しかし鋳物でできた鍋は熱伝導がよく、抜群の保温力があり、重い蓋は鍋内に適度な圧力を与えるので、食材の風味を閉じ込め、料理が美味しく仕上がります。

岩手を中心にした南部鉄器は、日本人より前に中国人がそのブームに火をつけました。

一方、日本ではいまだレコード店でＣＤレコードが売られていますが、アメリカではＣＤはほとんど市場から姿を消し、デジタル音源だったらダウンロードへ、さらに今ではスキミングの時代になりました。しかしその一方でアナログ音源の代表格ＬＰレコードは完全復活を遂げています。現にアメリカではレコード販売数は10年連続で増え続けており、今やアルバム全体の5％を占めるようになったそうです。

日本の音楽業界では、ここ10年、ＣＤなどのパッケージ商品の売上げが激減しており、データ配信を含めて、なんとか横ばい状態を保っているのが現状です。そんな環境下、唯一売上げを伸ばしているのが、なんとアナログレコードです。

２０１５年、レコードの生産数は66万２０００枚を記録（日本レコード協会統計）。これは前年の40万１０００枚に比べ65％も増加しています。今、世界じゅうでアナログレコードが急復活しているのです。

主な購買層は昔買ったレコードをもう一度聴きたい、という40歳代、50歳代のシニア世代が中心のようですが、最近は20歳代の女性も増えてきたようです。購入データを見ても3割が女性。著名アーティストも次々とアナログ盤をリリース。日本でも〝パフューム〟や〝きゃりーぱみゅぱみゅ〟などの若手アーティストの新譜が起爆剤となり、若い人たちの間でもＬＰブームはじわじわと広まっています。

追い風を得て、日本で唯一のレコードプレス工場「東洋化成」では生産が追いつかない状態と聞きます。レコード針を製造している〝日本精機宝石工業〟でもフル生産態勢をとっているそうです。

こういったレコードの復活を大きく後押ししたのが、低価格で買えるプレーヤーです。レコード再生機と言えば、音楽マニアのための高額機器というイメージをお持ちの方も少なくないでしょうが、最近は1万円前後で、レコードを聴くのに十分な機能を備えた機器が販売されて、レコードの売上げ伸張に貢献しています。

人間の耳は、20KH以上の高音は聴きとることができない。そのためCDでは高音部をカットしてしまうのが通例ですが、アナログレコードはこの音域もカバーしています。特にアコースティック（生楽器）な音源の場合、デジタルとは違い、より原音に近い音を楽しむことができます。それに何と言ってもレコードジャケットです。ビートルズ、ローリングストーンズ、アイザック・スターン、ヘルベルト・フォン・カラヤン、レナード・バーンスタイン。レコードジャケット自体がアートです。

商店街の復活

巨大なスーパーマーケットやショッピングセンターは駐車スペースが広大で、とても便利な存在です。おまけに飲食店や、場所によっては映画館やスポーツジムまで入居していたりして、半日いても飽きない仕かけが施されています。しかしお陰でもともとあった商店街はシャッターストリートになってしまった。それでいいのだろうか？　という疑問や懸念の声は全国各地からあがっています。

商店街のよさを挙げたらきりがありません。対面販売で、なおかつ地域密着なので、売る側と買う側が顔見知りだから、モノを購入する、という根源的な目的だけでなく、顔を見に行き、他愛もないお喋りをする。また高齢者にとっては、ライフラインになることも十分に考えられます。たとえば、顔色が優れない。足腰が急に弱ってしまったようだ。奥さんに先立たれてから、ふさぎ込むようになった。三日と空けず来店していたのに、10日以上見かけなくなった。など、地域全体で高齢者や何らかの障害を持つ人を支える役割もあります。

また古くから存在している商店街だと、小さな子どもが一人で歩いていたら、必ず声をかけます。このお節介こそ、弱者を皆で守る、という商店街の役割を担っていたのです。それは大資本のスーパーマーケット（実際はハイパーマーケット）には絶対にできない芸当です。

しかし巨大資本が提供する便利さには遠く及ばない。そこでまったく別のコンセプト

（切り口）で商店街を復活させよう、という取り組みが各地で行われています。

私のお勧めは、スタバではなく昔ながらの喫茶店。ホームセンターではなく工具店や古道具屋。古本屋、和菓子屋、洋食屋、蕎麦屋。逆にその地方では今まであまりお目にかかることがなかった新メニューを提供する変わったレストランが出店してもおかしくありません。たとえば、インド料理、、タイ料理、メキシコ料理なども面白いです。

民族は違えど、伝統的な、歴史ある、本格的な、などの形容詞でくくられる文化ですから。

いたずらにコンテンポラリーでモダンなものよりは、親和性があると思います。

人を中心にして考える

コンピュータ満載の自動車は、そろそろ自動運転に移行する時代となりました。するとマニュアルトランスミッションのスポーツカーに熱い眼差しが注がれています。トヨタも日産もマツダもホンダも往年の名スポーツカーを次々に復活させ、かつてのカーキチを唸らせています。

そもそも機械やコンピュータの塊である車には興味がなく、自転車こそ面白い、と思うような人も急増しています。自転車と言えば、自転車用のギアやパーツなどの製造を手がけているシマノはむしろ「ＳＨＩＭＡＮＯ」として世界で有名。売上げも１９００億円と押しも押されぬ大企業ですが、その成長を支えてきたのは、ひたむきに同じ製品に改良を重ねながらつくり続けてきた経営姿勢です。なんと世界の自転車市場の6～7割を押さえる企業です。

さらに自転車だってマシンじゃあないか、と考える人も急増しています。ジョギングや水泳こそ人間の根源的な運動だとして、愛好者が増えています。さらにマウンテニアリングと称して、山登りもファッショナブルに変身してブームになっています（クライミングではありません）。

テクノロジーが発達すればするほど、人は、動物としての本能を呼び起こされるのです。

このような領域で商売をしている小さな会社は、社会のトレンド的にも追い風が吹いている、ということができます。

ハイテクは最先端であるべきなので、常に変化し、進化していなければその地位が脅かされてしまいます。

しかしローテクなものは、そもそもローテクなので数年、数十年前、ものによっては数百年前からさほど変わっていないものやことも少なくありません。変わらないものは、変わらないだけで価値がある、ということを消費者は敏感に感じ取っています。

おばあちゃんの代からある団子屋が近所にあったとします。その味は、プラスチックケースに入れられ、遠くの工場で大量生産された団子と明らかに違います。人は栄養を摂取するために団子を食べるのではなく五感すべてを使って団子を食べるのです。思い出、店員さんの様子、包み紙、これは、もちろんブランドですよね。切り口がはっきりして、「○○○と言えば○○○」の法則にもかなっています。

外国人をうまく活用する

欧州ブランドハウスでは、昔から多くの日本人が活躍しています。

たとえば日本人で初めてフェラリーのデザインを手がけていたKEN OKUYAMA、つまり奥山清行氏。実際に奥山氏からお聞きしたところによれば、フェラリー社は国籍やバックグラウンドで人を差別することは一切なかったそうです。もちろん日本的な感性を求められたこともなかったようです。純粋に奥山氏のデザイナーとしての実力を買ったのでしょう。

そもそもピニンファリーナというイタリアの名門カーデザイン事務所に入る前も、ゼネラルモータースのチーフデザイナー、ポルシェのシニアデザイナーなど、海外の名だたるカーデザインのチーフを歴任してきた奥山氏は、才能があれば、誰でも採用する、という欧米企業の「よそ者」の活用のお手本のようです。

一方、フィンランドを代表するブランド「マリメッコ」で長年活躍した石本藤男氏は1974年、マリメッコ社のテキスタイルデザイナーに就任。1994年、カイ・フランク賞（フィンランド）受賞。2006年、マリメッコ社を定年退職するまで、マリメッコで活躍しました。

私が働いていたカッシーナにおいても、常に日本人デザイナーが活躍していました。カッシーナという会社は17世紀から教会向けの椅子を製造してきましたが、現在のデザイン家具の会社になったのは、意外に新しく1950年代にチェザーレ・カッシーナが社長の時代です。カッシーナがいまだ小さな無名の会社だった頃です。チェザーレは、デザインのマンネリ化を防ぐために、デザインは常にコンペ（競争）によって外部のデザインから選んでいました。チェザーレにとって、デザイナーとは、社内に安住し、上司の顔色を伺っているような人間ではだめだったのです。

カッシーナ社は、特に若手デザイナーやいまだ無名のデザイナーを発掘することが好きで、彼ら、彼女たちを世界の桧舞台に押し上げることも、会社の務めと考えていたようです。

しかしたとえ日本人デザイナーのデザインを採用する際にも、決して日本的なデザインを期待していたわけではなく、あくまでも伝統を打ち破るような新しいアイデアを探していたのです。それはカッシーナ、というブランドコンセプト（切り口）は一つだけであって、そのなかには〝和風の〟、というものがなかったからです。

この点はとても重要です。たとえ外部の新しい考えを採用するにしても、それはカッシーナというブランドコンセプト（イタリアンモダンファニチャー）から、一ミリもはみ出てはいけないからです。

こうして〝伝統と革新〟というカッシーナのモットーに則った、原点をぶらさずに、常に進化を続けてこられたのです。

かのルイ・ヴィトンも村上隆や草間彌生をはじめとするアーティストなども積極的に使

うし、高級ブランドの代表格である、エルメスですら日本の漫画家竹宮恵子が描いたマンガ「エルメスの道」を正式に発刊しています。

こうして門外漢で外国人、つまり〝よそ者〟を上手に使うことにより、ブランドの本質を一切変えることなく、新しいアイデアを吸収することができます。

小さな会社が外国人採用に成功するには

ある小さな広告代理店が、日本に留学したドイツ人グーラー氏を採用しました。外国人を雇用したことがなかったので、社長も疑心暗鬼で3カ月間の試用期間を設け、その後は契約社員、という形式で働いてもらうことにしました。初めはグーラー君に対する指示命令もおっかなびっくり出していました。

そんな社長の心配をよそにグーラー君、ドイツ語を駆使し、駐日ドイツ系企業を毎日熱心に回り、徐々にクライアントを増やしていきました。さらに日本企業の外国向け宣伝媒体も多く手がけるようになり、今では営業部のマネジャーになっています。

また従業員20人のある販売代行会社は、日本語ができる中国人を販売スタッフとして採用したところ、折からのインバウンドブームに乗って中国人への販売が飛躍的に増えたばかりか、その売り方に日本人販売スタッフも触発され、店全体の売上げが倍近くまで上がったとクライアント企業から高く評価されたそうです。

また従業員14名の経営コンサルタント会社では、フランスの大学院を卒業したばかりのアンドレ君（フランス人青年）を採用しました。

入社後、彼のプレゼンテーションは情熱的で、日本語は決して流暢ではないものの、コンペになったときに、その熱いプレゼンは、どの会社にも負けないものがあったそうです。これは、他の営業部員に大いに刺激を与えたようで、営業部全体のプレゼン力を上げる起爆剤になった、と後に社長が語っていました。

フッ素樹脂製品の製造販売の会社は、工場でフッ素樹脂（ＰＴＦＥ）の圧縮成形過程の実習作業員（ベトナム人）を毎年数名採用し、機械加工、プレス加工まで、短期間で教えて即戦力として勤務させています。これらベトナム人作業員は、１年間の契約を終えると帰国し、日本で習得した技術を活かして就職するそうです。

日本で働いたベトナム人は、帰国後、次に来日する人に日本企業の基礎知識を伝授してくれているので、スムースな引き継ぎが可能となったそうです。

また日本で働いた人が、ベトナムに帰国後、広報活動も担っているので、この会社はベトナムで名が知られるようになりました。

たとえ即戦力にならなくても、継続的に外国人を雇っていると、それだけで会社の評判は上がり、さらに採用にも有利になる、という実例です。

外国人採用に失敗しない方法

さて、ここで外国人を採用する場合の注意点についてお話しします。

彼らは一般的に仕事とプライベートを明確に分けます。たとえば日本人は上司が残業していると、先に帰宅しづらい感覚を持ちますが、彼らは、自分の仕事が終われば、さっさと帰ってしまいます。また有給休暇は労働者の権利ですから、当然100%消化するよう努めます。もちろん会社の仲間と毎週のように飲み会に行く習慣はありません。

特に日本人に比べて外国人は自己主張が強いので、日本のサラリーマンからすると、扱い難い存在に見えるかもしれません。

また縄張り意識が強い。つまり自分の仕事を抱え込んで、上司、同僚に相談することはあまりしません。いわゆる「ほうれんそう」の教育は受けてこなかったのです。

そして何より初めて外国人を採用したら驚くのが、謝らない、ということでしょう。どう見てもその人のミスであっても、滅多なことでは謝罪しません。謝罪をすれば、自分の非を認めることになるからです。

これらは「よそ者」を社内に入れるデメリットです。ところが、少し時間が経つと、さまざまないい効果も現れてきます。

個人主義である、ということは、同時に個人の責任について重く受け止めていますから、数字に対するコミット力が強い。これは規模の小さい会社にとって、重要な意味を持ちます。いくらチームワークが大切と言っても、一人ひとりが数字責任を果たしてくれなくては営業成績は上がりませんから。

またダラダラ残業を減らしたい経営者にとっても、タイム・イズ・マネー（時は金なり）の基本を教えるよい機会になります。結局時間当たりの効率を上げなければ、小さな組織が大きな組織に勝つことはかないません。

ですから、海外へモノやサービスを輸出したい、あるいは海外からのお客さんを増したい、という実利的なメリットとは別に、副次的効果は小さな会社によい科学反応を起こさせることができるのです。

ただし次に挙げる点については、十分に配慮をするべきです。

彼らにとって〝阿吽の呼吸〟は理解できないので、常に口頭によるコミュニケーション（対話）を保ってください。常に話し合っていただきたいのです。

もちろんまったく気にしない若者も多いですが、特定の宗教上のしきたりをある程度尊重してあげる配慮も必要です。

これは日本人社員に対しても同じですが、セクハラ、パワハラが起こらないよう十分に注意することが求められます。特にプライバシーを侵害するような言動、身体、性別、国籍に関する差別的な発言は、絶対にあってはなりません。

しかし「郷に入れば、郷に従え」。服務規程、社員規程をはじめとする社内のルールを外国人だけ特別扱いしてはいけません。私が以前勤めていた会社で、外国人だけ長期休暇の取得が認められていたケースがありましたが、このような特例は日本人社員からの反感を買い、士気を下げるもとになります。またダラダラ残業は論外としても、期日までに終わらなければならない仕事は、業務命令を発して完了させなければなりません。

このとき、『まあ、やってくれるだろう』とか『こんなことを言ったら、反発されるかも』などの配慮はかえって事態を複雑にしてしまいます。むしろストレートに指示命令を出すべきです。

ルールは公平にすべての社員に適用し、違反があった場合は、厳正に対処する。会社経営の基本は万国共通です。

まとめ

真っ向勝負だと、力の弱い者は、力の強い者に負けます。最新のモノには、古いモノで勝負。ハイスペックなモノには、ロースペックで勝負。全国的な広告宣伝には、ローカルな口コミで勝負。知恵で力を凌駕しましょう。

第8章

小さな会社が実際にブランディングを実行する方法

BRAND

経営者の言葉がブランドをつくる

Managementはmoney（お金）を管理すること。

Brandingはbrand（ブランド）を管理すること。

繰り返しになりますが、本書のテーマはお金や外部のリソースを使わずに、ブランディングを活用して最終利益をアップすることです。

換言すれば、**販売管理費を増やさず、ブランディングによって利益率が上がれば、たとえ売上高が同じでも、最終利益はアップする**、というわけです。

これがゼロ成長経済下における中小企業にお勧めするマネジメントです。

ただし、ブランディングを実行するには、経営者や経営層には相当の覚悟と負荷がかかることもご理解いただきたいのです。経営に多少の運不運はつきものですが、奇跡はない、と思います。地道に、実直に一つひとつのことを行うだけです。

終章では、ブランディングを成功させるために、ぜひ経営者に実行していただきたいことをお伝えします。

まずはストーリーを語ることです。

ここで世界的なファッションデザイナーである、ラルフ・ローレン氏の言葉を紹介します。

「パリの老舗メゾンは過去の歴史を語るが、私は未来の歴史を書いている」

歴史あるパリのメゾンにアメリカの新興ファッションハウスが対抗するにはこれしかない、と言った名言です。

言うまでもないことですが、歴史ある会社だったら、堂々と歴史を語るべきですが、歴史がなくても、これからつくる歴史について経営者は語るべきなのです。それがブランディングだからです。

ここまで名言を吐ける経営者は稀有ですが、当社は3年後、10年後このような会社になります。それは顧客、社会、従業員にこのような貢献ができます。といったメッセージは小さな会社こそ必要です。

ブランドとは限りなくストーリー（歴史）と同義語です。虎屋の羊羹には500年あまりの価値が凝縮されています。一方、昨年できたお菓子店でも、これから長く続いていくであろう〝予感〟をお客さんに感じてもらうことがブランディングです。ですから、単なる接客ではなく、〝顧客づくり〟を販売スタッフは心がけなければなりません。また経験のある人は、経験の浅い人に接遇について常に教育をしていかなければなりません。

ここまでお話ししてきたように、ブランディングの極意は「これだけ」ですから、当社の「これだけ」をしっかり社員に伝えてください。これは結構勇気のいることです。なぜなら、社員によっては業務範囲が狭まったように感じてしまいかねませんから。しかし、強みに集中することこそが、会社に利益をもたらすことだ、ということを熱っぽく語っていただきたいのです。

そして業務効率を上げるために、複雑なKPI（Key Performance Indicator＝重要業績評価指標）を駆使して社員の説得を試みるよりも、「当社としては、これとこれはやらない」と明言したほうが、全社員にすっと入っていきます。

よく「スピード感を持った経営を行う」とする経営者のメッセージを目にしますが、具体性に欠け、よくわかりません。それよりも、「今後3年間この事業に専念します」と言ったほうが明快です。

そして経営ヴィジョンです。これは最も大切なメッセージです。いわゆる〝グローバル企業〟と言われている大企業で、〝ヴィジョン〟を掲げている会社は意外に少ないです。業績予測とともに〝ミッション〟「使命」や〝コミットメント〟「誓約」がほとんどです。そのなかには、イノベーション、サステナビリティーなど、なんとなく意味は理解できても、今一つピンとこない外来語が羅列されています。また、たとえ日本語でも、「存在感のある会社」「社会的に意義のある会社」「社会に変革をもたらす会社」「すべてのステークホールダーを幸せにする会社」と言われても、腹には落ちません。

小さな会社では、数千億円企業の真似をせず、〝ヴィジョン〟、つまり「将来なりたい姿」「今はできていないが、将来やりたいこと」を文章にすることこそ、会社の旗頭たる者の役割です。

たとえば、「わが県で、一番美味しいパン屋さんになる」とか、「輸入車の修理と言えばわが社、と言われる会社になる」とか、「5年後にニューヨークに出店する」など、その会社の規模や業態によって千差万別です。しかし未来を決めて、そこから逆算して経営をすれば、その未来へつながる最短距離の道も見えてきます。

聖書には「言葉は神とともにあった。万物は言葉によってなった」と記されています。これはいかにも西洋的な考え方で、日本では古来「沈黙は金」「阿吽の呼吸」など、言わなくてもわかるでしょう、という感覚でいました。

しかし、現代のように情報が氾濫し、考え方が多様化してくると、異なる年代の、異なる出身地の男女の社員を束ねて同じ方向に導くには、経営者は言葉の力を使うしかありません。「オレの背中を見ろ」だけでは、無理です。経営力は言語力でもあるのです。

その際、日本の会社なのですから、できる限り短く、わかりやすい日本語を使いたいものです。会社の進む道について、ズバッと言ったほうが誰にでも理解してもらえます。

たとえば、コンプライアンスは「法を守る」。ガバナンスは「しっかり管理する」。コアコンピタンスは「当社の強み」。R&D（Research & Development）は「開発力」。

CRM（Customer Relationship Management）は「顧客関係管理」と直訳せずに、「お客さんとの関係」「顧客の要望に耳を傾け、応えていくこと」と意訳してはいかがでしょうか。またCSR（Corporate Social Responsibility）は、「会社が社会に果たす責任」とします。

穏やかな表現のほうがむしろ風格が出ることがあります。

BRAND

組織・人事戦略

今さら申し上げるまでもなく、企業は人なりです。第2章で持論を披露しましたが、企業という〝家〟にとっての土台・基礎は「人」です。ですからブランディングを実施するのは、社長や取締役会、ましてや広告代理店やＰＲエージェンシーではありません。あなたの会社で働いている社員全員です。10人いれば10人、１００人いれば１００人全員です。これこそ経営者が最初からいつも、口を酸っぱくして言い続けなければならないことです。

さてブランディングの目的は利益アップと一貫して申し上げていますが、最終の目標は社長を含めた社員全員の幸せであることは論を待ちません。ブランディングが成功し、利益はアップしたのに、総労働時間は増え、プレッシャーは増大し、心身ともに疲弊してしまっては、企業の目標とは真逆になってしまいますから。

そこで最終章では、ブランディングから利益アップにつながる組織運営について、今までお話ししてきたことのおさらいも込めて書かせていただきます。

ここで三つの提言をします。

第一番目は〝ひまわり〟の組織。

通常組織図上は、株主、取締役会、代表取締役、部課長、一般社員と降りてきますが、ブランディングを実施するためには、〝ひまわり〟のように、社員全員が同じ方向を向いていることが重要です。人はシンクロしているとき、1×10＝20のパワーとなります。

リオデジャネイロオリンピックで、体操ニッポン、卓球ニッポン、陸上ニッポン、水泳ニッポンが、本来個人競技の種目でも、団体戦では一人ひとりで行ったときより大きな力を発揮してそれぞれ優秀な成績を収め、世界を驚かせたことは記憶に新しいところです。

ブランディングはOne Voice（一つの声）です。お互いが向き合っているのではなく、並走してゴールを目指していけば、ふだん1キロ5分で歩く人が3分で行けるようになります。またどの会社にも、歩みの遅い人がいるものです。遠足でみんなについて行くことができずに、必ず遅れてドン尻を歩く人がいます。そんな人にも皆と同じペースで歩いてもらうためにも、社員全員が同じ方向を向いていることが不可欠です（まったく仕事をせずに、会社の足を引っ張る人は別ですよ)。

ブランドそのものは目には見えません。その見えざるブランドをお客さんの脳裏に植えつけるのは、社員全員の力の結集です。フロントラインでお客さんと接している営業や販売部隊だけではなく、関係会社からの電話を取り次ぐ内勤の人、配送会社などと折衝する総務、金融機関と会う機会の多い経理や財務。

ブランドはあなたの会社や製品についてのイメージですから、お客さんだけではなく、取引業者も含めて、皆が「あの会社はとても感じがいい」「電話応対が素晴らしい」「約束を守る会社だ」「真面目な会社だ」「打ち解けた感じの会社だ」というポジティブな感覚を持ってくれればブランディングはほとんど成功、と言っても過言ではありません。

そのような会社では、事務所に入った瞬間にプラスの気を感じるのです。この情緒的な部分について、今まで日本の会社はあまり注意を払ってきませんでした。しかし、ハードでの競争がほとんど不可能になってしまった今日、中小企業が差別化をし、競争優位になるためには、ぜひとも情緒的な価値創造に力を入れていただきたいのです。しかもソフトパワーアップに経費はかかりません。要はやるか？　やらないか？　という決断だけです。

会社のサイズが大きくないのですから、組織はできる限り文鎮型、あるいは富士山型が望ましいです。トップの意向がダイレクトにボトムまで伝わり、社員同士が同じ方向を向いている、という実感も湧きやすいです。

また大幅な権限移譲も必要です。稟議書に幾つも判子をもらわなければ物事が進捗できない大企業に比較して、中小企業では上長が即決できる仕組みをつくりやすいです。

小売業の場合、店長権限を上げておくことで、顧客にさまざまな付加的なサービスを店長権限で提供することができます。それが徐々に評判になっていけば、顧客が顧客を呼び、客数は着実に増えていくはずです。

たとえば少々キズのある製品の値引き。ＶＩＰと呼ばれる超優良顧客に対する特別なサービスや、本来返品できない製品も優良顧客に限っては受け付けるなど小売店では、些細なことについて、いちいち本部に問い合わせていては、お客さんはよその店に行ってしまいます。

もちろん権限を与えるのですから、店長教育を怠ってはいけません。数値管理もちゃんとできるよう日頃からトレーニングを施します。

一方、現場社員の暴走を防ぐためには、規程を整備することも忘れてはいけません。

そして〝ほうれんそう〟の励行。経費意識、時間管理意識。必要に応じてお客さんにＮ

oと言える勇気。お客さんからの要望にすべてYesと言っていては会社がもちません。そうなるとNoと言う言い方、つまり断り方の練習も必要でしょう。

中小企業にとっては人がブランドなので、人に関する労力を惜しんではいけません。

働き方改革は「アベノミクス第三の矢、構造改革の柱だ」と安倍首相自らが語っています。それもそのはずで、日本人はOECD（経済協力開発機構）のランキングで最も睡眠時間が短い部類に属しています。ドイツより20%も短いそうです。その要因の一つは労働者の平均労働時間の長さだと見られています。

一方時間当たりの労働生産性は同じくOECDのランクで21位。40ドルを下回っています。これはドイツの60%程度しかなく、誠に寂しい状況。これでは労働者が幸せ感を味わうことはかないません。

会社や製品のブランディングは、この社員に厳しい現状を改善する大きな手助けをしてくれるのです。

BRAND

ブランドにはメンテナンスが必要

私たちはたいがい定期的に健康診断を受けます。家や車も定期点検をします。ブランドも同じです。ブランディングに成功したからと言って、何もしないで放っておくと、ブランドという名の〝家〟の防水シートが劣化したり、コンクリートにヒビが入ったり、瓦が落ちたり、ついには雨漏りが始まり、悪くすると躯体そのものが腐ってしまうこともあります。

利益アップのためにブランディングは大切ですが、その運営内容をいつもチェックして、問題が発生していないかどうか、点検してください。

たとえばブランドについているタグラインは、ブランドの精神を端的に表していますが、あなたの会社で製造している製品がそのタグラインに合っているだろうか？

また、せっかく接客マニュアルや規程集を整えたのに、社員全員がきちっと守っているだろうか？

「やらない」ことを明確にしたのに、月日が経つごとに特例を設けて、「やること」が増えてきてはいないだろうか？　結果、労働時間が長くなっていないだろうか？

会社周辺の環境が〝ウリ〟だったのに、油断をしている間に環境が悪化していないだろうか？

ブランディングは社員全員で行うものなのに、気がついたら半分以上の社員からブランディングの意識が消えてしまってはいないだろうか？

数値目標の他に定性的な目標が掲げられていなければならないのに、数字しか見当たらなくなってはいないだろうか？

この点検作業も社長や経営層の大切な仕事です。

企業倒産件数は２０１５年に８８１２件（東京商工リサーチ調べ）と、非常に減りました（１９９０年以来の水準）。安倍総理もこの数字を胸を張って発表しています。２０１６年の上半期も改善傾向が続いています。

しかし倒産という統計が表すのは会社更生法などに基づいて裁判所が関わる法的整理のことです。債権者と債務者の合意で手続きを進める私的整理や経営者が逃げてしまった、俗に言われる〝夜逃げ〟は2万6699件と2000年と比べて6割も増えているのです。これは先ほどの倒産件数の3倍に上ります。さらに東京商工リサーチによると、2015年に倒産した企業の自己資産比率は平均してマイナス5・6%と、前年から2・3ポイントも悪化しています。倒産企業の多くは債務超過の状態を続けています。

ブランディングは単に会社や製品の名前を有名にするための作業ではなく、それを梃子にして、会社全体のオペレーションの健康を図り、儲かる会社にすることが目的です。

BRAND

ブランディングを継続するには

ここまで日本のみならず、イタリアやフランスの小さな会社も引き合いに出して、さまざまな中小企業のブランディングについて見てきました。

しかし「言うは易し、されど行うは難し」。

経営をしていると、毎日のように困難が口を開けて待っています。それらのハードルを乗り越えるためのコツについて、最後にお話しします。

一意専心の決意が揺らぎそうになったとき。

たとえば本章で登場したフランスの薪ストーブの会社〝アンヴィクタ〟。東京のパン屋さん〝プクガリ〟の場合。国も製品も業態もまったく異なりますが、克服の仕方に大差はありません。

アンヴィクタはアイアンワーク、すなわち鉄製品の加工技術では100年の歴史を有しています。ですから1970年頃までは薪ストーブの他にもさまざまな鉄製品を製造していました。たとえばアイロン（電気式ではなく、内部に石炭を入れるタイプ）、室内装飾品など。ところがアイロンは電気機器が発達し売れなくなり、室内装飾品も需要がなくなり、やがて薪ストーブは電気やガスに取って代わられる運命を辿ります。当然会社は傾き、経営困難に陥ります。

しかし逆境にあって3代目の社長であるデュピール氏は薪ストーブにこだわりました。やがて彼はハイセンスでモダンデザインの薪ストーブを発表。価格帯をぐんと上げ、富裕層や高級レストランに向けて営業を始めました。その戦略は当たり、引き合いが増え、見事に経営を立て直しました。

同時に薪ストーブと親和性の高い琺瑯鍋〝シャスール〟を発売し、一般庶民でも高品質の鋳物製品に触れる機会を維持したのです。そして本業のストーブと、鍋の売上げ比率をおよそ9対1と決めました。

この比率を崩さないために、原料の仕入れから、売上げ予測まで確実性が上がり、工場の稼働は効率的になり、なおかつ数量が限られている琺瑯鍋は、ファンの間で大評判になります。

このように本業を変えることなく、変化をつけることで、長年にわたって蓄積されたノウハウを使いながら、新たな時代にも生き残ることができます。

馬具で有名なエルメス（大企業ですが）も、馬や馬車が化石燃料を燃やして走る自動車の時代になった際、経営が立ち行かなくなる瀬戸際まで追い込まれました。しかし、革製品の製造技術を使って鞄をつくるようになり、今日まで隆盛を保つことができているのです。

さてプクガリ（パン屋さん）では、マスターが一番得意としているバゲット（いわゆる細長いフランスパン）を主力につくっていますが、あるときたまたまつくったカレーパンが話題になり、お客さんから毎日カレーパンを焼いてくれというリクエストを受けるようになりました。ところがカレーパンは製造に大変な手間がかかるので、本来主力のバゲットにかける時間が制限されてしまいます。

困ったマスターは、週に1日だけ、個数限定でカレーパンを焼くことにしました。もちろんマスターは、ブランディングを狙ったのでも何でもありません。ただお客さんにできる範囲で応えよう、としただけです。ところが、この普通のパン屋さんで売っているカレーパンより4割ほど高いカレーパンが焼かれる日には、朝からお客さんが並ぶようになったのです。もちろん昼頃には売り切れてしまいます。それでもマスターは〝増産〟する気はありません。それは正統なパン屋としての矜持なのでしょう。

器用な会社や職人ほど、主力商品以外の製品をつくったり、販売したりできるものです。それは製造技術だったり、広範な仕入れルートを持っているからです。そしてその商品やサービスは今流行っているはずなので、短期的には売上げを上げられます。

その誘惑に負かされそうになったとき、9対1、ないしは8対2（これが最大です）のルールを思い出してください。得意な主力商品以外の派生商品を製造や販売する場合は、この黄金比を崩してはいけません。そして、デザイン料や手間賃をきっちり商品代金に上乗せして堂々と売るべきです。

ただし主力商品も、時とともに進化していかなければなりません。虎屋の羊羹が時代とともに味が微妙に変化し、時々のお客さんの嗜好に見事にフィットしているように。

話は変わって、私が以前勤めていた会社の近くに、一軒のイタリアンレストランがありました。その50メートル先に、同じような大きさで、同じような価格帯のメニューでもう一軒イタリアンレストランがオープンし、ランチ定食を以前からあるお店と同じ1000円に設定し、ガチンコ勝負を仕かけてきたのです。当然お客さんは分散されてしまいました。そして消耗戦に突入、と思いきや。

2〜3カ月経つと、新たにできた店が新しいサービスを始めました。バーカウンターにコーヒーや紅茶、それに人参、グレープフルーツ、レモネードなどのドリンクが置かれ、お客さんは自由に飲むことができるようになりました。さらに小さなスイーツまで。これで女性客の心をつかんだことは説明の必要がないでしょう。

一方、もともとその地で営業していた店は、値下げをする代わりに、ボリュームたっぷりのパスタで勝負。これで自動的に男性客が引き寄せられます。

このように、微妙な差異をつけることにより、顧客にその店のイメージが植えつけられれば、両者とも価格競争の消耗戦に陥らなくても済んだのです。

まとめ

小さな会社の経営層は、ブランディングの保守点検作業員になってください。特にインナーブランディングが機能しているか、をチェックするのは経営者の役割です。

おわりに

ブランド、と言えば圧倒的に欧米勢が強い時代が長く続きました。しかし、今欧州経済は、イギリスのＥＵ離脱、アフリカから押し寄せる難民問題、北と南の経済格差、銀行の債務問題、そしていわゆるＩＳ（イスラム国）をはじめとする過激思想によるテロの脅威、と激動の渦に巻き込まれています。またアメリカは建国以来築き上げてきたグローバルへの影響力に陰りが見え、内向的になり始めています。ドナルド・トランプ氏が大統領選挙で勝利した大きな要因です。

人々は心の安寧、戦争やテロのない世界、環境に害の少ない商品やサービスを求めています。それに応えるには、古来、自然とともに共生してきた日本人の知恵が欠かせません。

情緒的なブランディングに圧倒的な強さを持っている欧州勢に対抗するためには、同じ土俵で戦うのではなく、日本独自の発想で商品やサービスを販売していかなければなりません。それも安易に流行に流されるのではなく、地味だけれど、存在感のある小さな会社が活躍できる舞台が、国内にも世界にも用意されているように思います。

私が『ブランドビジネス』を著した2007年から9年が経ち、人々の価値観は大きく変化しました。高額であることや、有名であることを誇示するようなブランドは徐々にその輝きを失い、それぞれの地域の特色を出した、ローカルでも、地に足のついたジャパンブランドが高く評価される時代がやってきたのです。また頑なにこだわりの料理を提供している小さなレストランが、大資本のレストランチェーンにはない強みで顧客の心をつかんでいます。

本書の随所でご紹介した成功している規模の小さな会社は、ローカルで地道に一意専心を続けているうちに、気がついたら海外からも発注が来て、自然に国外でも売れるようになったのです。豊富な資金力と人材を有している大企業でない場合、安易に〝グローバル〟という言葉に幻惑されて未知のマーケットに進出するのではなく、ローカルで得意分野に集中することで、海外からバイヤーに来てもらい「買わせてください」、と言わせるようにしましょう。

いきなり大手広告代理店や著名なデザイナーにお願いをして、ブランド名やロゴを考案し、それに美しい写真をふんだんに使ったホームページに多額の投資を行っても、成功できないケースが多く見受けられます。

小さな会社にとって、「どこでも売れそう」は「どこにも売れない」のと同じです。「誰にでも売れそう」は「誰にも売れない」の意味です。

発信はもちろん大切ですが、買ってもらう相手がどこにいて、何を求めているのか？ということを把握することが重要です。

たとえば、盆栽は日本ではシニア層の趣味、という捉えられ方をしていて、若い人で興味を持っている人はごく少数派ですが、海外では老若男女を問わず大人気です。しかし国によって、買われる盆栽は全然違います。たとえばお隣の中国では、大きくて、立派で、高価な盆栽が富裕層を中心に買われています。

一方、フランス、イギリス、ドイツなどでは、小ぶりな盆栽を買って、自分たちで丹念に育てることを好みます。変化を楽しみ、つくる喜びが加味されるからです。盆栽は衰退産業、と諦めてしまった人は海外での商機に気がつかずに終わってしまいます。

ブランドは長きにわたって儲けるための手段に過ぎません。本業での儲けが上がってこそ、ブランディングをしてよかった、と思えるのです。

短期間に事業に大成功して億万長者になった、というドリームストーリーが話題になる昨今ですが、経営の99％は毎日の地道な改善努力が大切であることは、今も昔も、これからも変わらないのです。そして中小企業にとってのブランディングは、自分たちが一番得意なコトやモノを、自分たちの質を落とさない程度の量を、自分たちの会社が適正な利益を確保できる値段で、自分たちの商品やサービスに共感してくれるお客さんに提供することです。

確かにCustomer First（お客さんが中心）は、商いとしては間違っていませんが、小さな会社にとっては、自分たちが中心が、正しいブランディングだと信じて疑いません。

［著者］
高橋克典（たかはし・かつのり）
1957年東京生まれ。大学卒業後、ハナエモリに入社し、マーケティング、マーチャンダイジングを担当。その後、コンサルティング会社、シャルル・ジョルダン、カッシーナ・イクスシー、WMF（ヴェーエムエフ）等、衣食住に関連した世界の一流ブランドで、マーケティングや経営に携わり、めまぐるしく流行の変わるブランドビジネスにおいて、世界で活躍し続けてきた。現在はTERRANOSの代表として、上場企業や地方のために、マーケティング、ブランディング経営のコンサルティングや、全国各地で講演活動や企業セミナーを行っている。講演では、外資系5社のトップを歴任した経験と、グローバルマーケティングのコンサルティング経験から、組織の抱える課題に対して、実践に落とし込める提案をする。

これ一冊でぜんぶわかる！
小さな会社のはじめてのブランドの教科書

2017年1月26日　第1刷発行

著　者――高橋克典
発行所――ダイヤモンド社
〒150-8409　東京都渋谷区神宮前6-12-17
http://www.diamond.co.jp/
電話／03･5778･7232（編集）　03･5778･7240（販売）
装丁――西垂水敦・坂川朱音（krran）
本文デザイン―布施育哉
校正・DTP―インタラクティブ
製作進行――ダイヤモンド・グラフィック社
印刷――堀内印刷所（本文）・加藤文明社（カバー）
製本――本間製本
編集担当――山下 覚

ISBN 978-4-478-10002-8